実践ビジネス法務

体験してみる企業法務の最前線

編著　弁護士　上谷　佳宏
東町法律事務所

実践ビジネス法務

体験してみる企業法務の最前線

編著 弁護士 上谷 佳宏
東町法律事務所

はじめに

　本書は、民法・商法・会社法・民事訴訟法等の基本法を一応学習し、今後、企業法務に携わる弁護士ないし企業の担当者として、ビジネス法務に関係することが予定されている方々を対象にしたものである。

　本書による学習の目的は、具体的事案を題材にしながら、現時点における企業法務の一端を擬似的に体験することによって、学習者が、さまざまな分野の個別法や多様な形態のビジネス法務に興味を抱き今後より深く学習していく動機を持つと同時に、ビジネス法務に携わる者に求められる基本的姿勢を理解することに置いている。

　基本法について一応の知識を有しているだけの方々が、ビジネス法務全般を短期間に学習し終えることは到底できない。そこで、本書においては、教材としての重点を、次の2点に置いた。第1点は、ビジネス法務に係わるのであれば、是非とも認識しておいてもらいたい法律分野の知識や視点の一端を、コンパクトに提供することである。第2点は、単に法律知識を習得してもらうのではなく、ビジネス法務の形態ごとに、法律事務における創造性を感得してもらい、今後、各人がいわば自己増殖できるような体験をすることが可能となる内容のものを提供することである。具体的には、ひとりで基本書を読むだけではなかなか理解できないが、その理解なくしては到底現在のビジネス法務をまっとうに処理できない分野の法律と多岐にわたるビジネス法務の形態を、いわば縦軸と横軸とに組み合わせて学習できるような教材作りを目指した。なお、本書による学習は、あくまで実際のビジネス法務を擬似的に体験することによって、ビジネス法務に興味をもち理解してもらうことに目的を置いていることから、取り扱う具体的事案のレベルは、決して入門的なものとはなっていない。他方、各法律分野の詳細な解釈等を目的とするものではないことから、取り扱った法律の解釈論等については、粗雑な部分もあることにご留意願いたい。

本書は、このような目的で作られた教材であることから、その内容は、ビジネス法務全般を網羅するものとはなっていない。しかし、企業法務に携わる弁護士であっても企業の担当者であっても、企業法務をすべて理解してから処理をするわけではない。個々の案件について、その分野の基本・概略を把握したうえで、当面のテーマを処理していくほかないのである。実務についた場合には、先輩や上司による指導・監督があるものの、本人としては、オン・ザ・ジョブ・トレーニングで試行錯誤しながら、徐々にその能力を高めていくしかない。本書においては、そのような実務についてから実際に経験するであろう案件の処理の仕方を先行的に疑似体験できるような工夫を施したつもりである。本書は、購入者各自の自習用だけではなく、これからビジネス法務に携わる新人の企業法務担当者やロースクールの学生、司法修習生、新人弁護士の短期的教育のための教材としても使用していただければと期待する。

2007 年 7 月 27 日

　　　　　　　　　　　　　　　　　　　　　　　弁護士　上　谷　佳　宏
　　　　　　　　　　　　　　　　　　　　　　　東　町　法　律　事　務　所

■目次■

はじめに　*2*

本書の使い方　*11*

設　問　*15*

第1章 企業法務概観・知的財産関係法概観 …… *16*
- ステップ1　*16*
- ステップ2　*16*

第2章 契約法務 …… *17*
- ステップ1　*17*
- ステップ2　*20*
- ステップ3　*20*

第3章 不正競争防止法（営業秘密）・訴訟法務 …… *21*

第4章 特許法・示談交渉法務 …… *29*
- ステップ1　*29*
- ステップ2　*30*
- ステップ3　*32*

第5章 独占禁止法・法律相談法務（意見書作成） …… *35*
- ステップ1　*35*
- ステップ2　*35*
- ステップ3　*36*

第6章 会社法（内部統制システム）・法的システム構築法務 …… *37*
- ステップ1　*37*
- ステップ2　*37*
- ステップ3　*37*

解説編 *39*

第1章 企業法務概観・知的財産関係法概観 …………………… *41*

ステップ1　*42*

1 企業法務の定義　*42*
(1) 静態的意味
(2) 動態的意味

2 企業法務の内容　*42*
(1) 株式会社であることに由来するもの
(2) 企業であることに由来するもの

3 企業法務の機能　*46*
(1) 紛争解決機能
(2) 紛争予防機能
(3) 戦略的機能

4 企業法務の特徴　*47*
(1) 企業活動の形態・領域の特性に由来する特徴
(2) 弁護士にとっての企業法務の事務的特徴

5 企業法務の本質　*51*

6 今後の企業法務の方向　*52*
(1) 従前の日本における企業法務の傾向
(2) 今後の企業法務の方向

7 企業法務に関与する弁護士についての若干のコメント　*55*
(1) 企業法務に関与する弁護士に要求されるもの
(2) 弁護士にとっての企業法務のメリット・デメリット
(3) 企業法務に関与する弁護士が注意すべきこと

《参考文献》　*58*

ステップ2　*59*

《参考文献》　*59*

知的財産関係法分類表　*60*

第2章　契約法務 ………………………………………………… *63*

ステップ1　*64*

1 契約書作成の目的　*64*

2 契約書が持つべき本来の機能　*64*
(1) 紛争予防・紛争解決機能
(2) 戦略的機能

3 契約書作成に当たって注意すべき事項 *64*
　(1) 契約の締結自体に法律上の規制がある場合に、これを遵守すること
　(2) 契約の内容が法律に違反しないこと
　(3) 合意の内容が明確であること
　(4) 合意の内容が起こりうる事態を想定したものであること
　(5) 契約書の作成が権限ある者によって有効になされていること

4 契約書作成における基本姿勢 *66*

5 契約書作成の手順 *66*
　(1) 依頼者の意図と事案の背景の理解
　(2) 事案の整理・分析と契約の基本構造の決定
　(3) 契約条項の検討

6 設問の検討 *67*
　(1) 事案の背景
　(2) 依頼者の意図するところ
　(3) 事案の整理・分析
　(4) 契約の基本構造の決定
　(5) 契約条項の検討

◯ステップ２◯ *73*

1 契約条項の検討に当たって重要な事項 *73*

2 設問の事案における具体的契約条項の検討 *73*
　(1) 契約の本質を規定する条項
　(2) 販売提携の内容を規定する条項
　(3) 東町商店がＵバレーの商権を侵害することを困難にする仕組みとなる条項
　(4) その他販売提携契約一般に見られる条項
　(5) 契約条項の配列順序
　(6) 本設問の事案についての契約条項のタイトルとその配列案

◯ステップ３◯ *76*

　契約書例 *76*

第3章　不正競争防止法（営業秘密）・訴訟法務 …………………… *95*

1 訴状に対する被告の対応 *96*
　(1) 答弁書の記載事項
　(2) 「請求の原因に対する答弁」の記載方法
　(3) 本設問における被告の対応

2 原告の主張の整理 *97*
　(1) 原告の主張を整理する方法
　(2) 原告の請求
　(3) 原告の各請求を基礎付ける請求原因事実
　(4) 請求原因事実の整理と法律要件の整理

3 法律要件の整理　*98*
　(1) 基本姿勢
　(2) 不正競争防止法概略
　(3) 営業秘密不正目的使用開示行為・不法行為の法律要件

　不正競争行為の類型　*100*

4 法律要件に対応した請求原因事実の整理　*106*
　(1) 営業秘密不正目的使用開示行為の法律要件と請求原因事実の対応
　(2) 不法行為の法律要件と請求原因事実の対応

5 原告の主張に対する被告の反論を検討するにあたっての観点　*109*
　(1) 認否の検討
　(2) 否認する理由の検討
　(3) 法的反論の検討

6 営業秘密不正目的使用開示行為の請求原因事実に対する反論　*110*
　(1) 認否の検討
　(2) 認否結果のまとめ
　(3) 否認する理由の検討
　(4) 否認する理由についての積極的主張の検討方法
　(5) 営業秘密の各要件事実の再検討
　(6) 否認する理由についての積極的主張
　(7) 法的反論の検討

7 不法行為の請求原因事実に対する反論　*121*
　(1) 認否の検討
　(2) 認否結果のまとめ
　(3) 否認する理由の検討
　(4) 否認する理由についての積極的主張

8 答弁書の例　*124*

　《参考文献》　*132*

第4章　特許法・示談交渉法務　……………………………………… 133

ステップ1　*134*

1 問題点の発見　*134*
　(1) 目標の設定
　(2) 設定した目標を達成するための根拠の検討

2 直接侵害　*135*
　(1) 特許法第100条第1項
　(2) 本設問の事案へのあてはめ

3 間接侵害　*136*
　(1) 特許法第101条の趣旨
　(2) 本設問の事案へのあてはめ
　(3) 「のみ」要件の解釈

4 基本的対応方針　*138*

　　　5 通知書の起案　*139*
　　　　（1）一般論
　　　　（2）本設問の事案の場合
　　　　（3）通知書例

　　《参考文献》　*144*

　ステップ2　*144*

　　1 基本的姿勢　*144*

　　2 考えられる主張とその検討　*144*
　　　　（1）考えられる主張の列挙
　　　　（2）各主張の妥当性の検討

　　3 具体的請求事項　*147*
　　　　（1）より詳細な法律論・事実関係の検討
　　　　（2）請求事項の検討
　　　　（3）通知書例

　ステップ3　*153*

　　1 示談交渉のための基本手順　*153*
　　　　（1）Y社の反応の分析
　　　　（2）Y社の反応に対するX社の対応方針

　　2 合意書例　*157*

第5章　独占禁止法・法律相談法務（意見書作成）　*161*

　ステップ1　*162*

　　企業法務における法律相談の位置づけについて　*162*

　ステップ2　*162*

　　1 独占禁止法について　*162*
　　　　（1）独占禁止法の重要性
　　　　（2）独占禁止法の概略

　　2 法的問題点についての検討　*167*
　　　　（1）X社とY社の行為の問題点の検討
　　　　（2）不当な取引制限（独占禁止法第3条後段、第2条第6項）該当性の検討
　　　　（3）共同の取引拒絶（独占禁止法第19条、第2条第9項、一般指定第1項第1号）該当性の検討
　　　　（4）X社とY社の共同の取引拒絶と不当な取引制限との関係

ステップ3 *177*

1 意見書作成における注意点 *177*
  (1) 事実関係の確定(限定)
  (2) 法的見解等の回答における姿勢
  (3) 一義的な記載

2 意見書の構成 *178*

《参考文献》 *185*

第6章　会社法(内部統制システム)・法的システム構築法務 …… *187*

ステップ1 *188*

1 社内教育における留意点 *188*
  (1) 社内教育の多様化
  (2) レジュメ作成・講義の際の留意点

2 会社法における内部統制システムの制度概要 *189*
  (1) 会社法における内部統制システムの位置付け
  (2) 会社法における「内部統制システムの整備」の概要(取締役会・監査役設置会社の場合)
  (3) 内部統制システムと取締役の善管注意義務
  (4) 近年の企業の不祥事と内部統制システム
  (5) 内部統制システムの概念(補足)

ステップ2 *198*

1 法的システム構築における留意点 *198*

2 内部統制システムの整備に関する基本方針 *199*
  (1) 会社法が求める内部統制システムの内容
  (2) 内部統制システムの整備に関する決議事項(取締役会・監査役設置会社)
  (3) 基本方針の決議

ステップ3 *208*

1 内部統制システム整備の必要性についての認識を持ってもらうための教育が重要 *209*

2 企業活動・組織には違法・不当な行為あるいは不相当な結果を誘発しやすい部分があるとの認識に立ったシステムの構築が重要 *210*
  (1) 無責任体制を駆逐する必要
  (2) 不明確・不明瞭な意思疎通や一方通行の意思疎通を排除する必要
  (3) 成功体験への過信を排除し、経営方針のチェック・アンド・バランスを確保する必要

3 役員・従業員の中には違法・不当な行為をするものが一定数存在するとの認識に立ったシステムの構築が重要　*213*
　(1) 性悪説に立った制度設計をする必要
　(2) 性悪説に立って設計された制度の精度を向上させる必要
4 経験・成果の承継・普及が重要　*213*
　(1) 経験・成果の長期的承継が必要
　(2) 経験・成果の短期的・全社的普及が必要
5 世の中の流れの感得（業界の常識・社内の常識への疑問）が重要　*214*
6 隠蔽体質からの脱却が重要　*214*
　《参考文献》　*215*

あとがき　*216*

■本書の使い方 ■■■■■■■■■■■■■

　巻頭に、各章に関係する設問を掲げた。企業法務を擬似的に体験することによって実践的ビジネス法務を学習するという本書の趣旨からすると、本書を利用される方には、まず、これらの設問を自分で解答した後に、各章を読み進むという方法をとっていただきたい。時間のない方は、直接、各章の設問と本文を読み始めるのもやむを得ないものと考える。しかし、その場合でも、関心のある分野については、一度、設問に解答されることを望む。

　なお、本書の構成と教材としての目的は、以下のとおりである。

第1章　企業法務概観・知的財産関係法概観

　ステップ1では、企業法務について概観する。企業法務の内容を鳥瞰し、その機能を検討し、これに関与する企業法務部門と弁護士の双方の視点から、その特徴を把握することによって、その本質を理解してもらったうえ、企業法務の今後の方向について考える。「はじめに」で述べたように、本書は、その理解なくしては到底現在のビジネス法務をまっとうに処理できない分野の法律と多岐にわたるビジネス法務の形態を、いわば縦軸と横軸とに組み合わせて学習できるような教材作りを目指したものである。具体的には、第2章ないし第6章がその目的に沿う教材であるが、第2章ないし第6章で学習する事項を正しく理解するうえで、それらが企業法務ないしビジネス法務全体の中でどう位置づけられるのかを理解しておくことが不可欠であることから、ステップ1の設問を設けている。

　ステップ2では、現在のビジネス法務において不可欠の知的財産関係法の分野について、その全体的構造と意義を概観する。知的財産関係法の分野の個々の法律を学習する前に理解をしておくべき、知的財産関係法の分野の全体的構造と意義を概括的に学習する。本書の第3章・第4章においては知的財産関係法関連の設問があるので、これらの予備知識を得るためにも、ステップ2の設問を設けている。

第2章　契約法務

　ビジネス法務の基本である契約書作成について、体験してみる。教材としての性格上、提供できる情報に限界があることから、題材とされた具体的ケースについて、正解としての契約書の起案を求めるものではない。以下の過程において、契約書作成における基本姿勢や手順、そして、契約条項等の基本事項を学習するとともに、契約書作成の創造的意義を体験してもらうのが目的である。

　ステップ1では、設問に従って、具体的ケースを題材に、まず自ら契約書を起案してみることが望まれる。契約書式集を参考にしながら起案してもかまわない。その後、本文のステップ2に読み進み、自らした実際の起案の過程と比較してもらいたい。

　ステップ2・ステップ3では、設問者の指定する契約の基本構造を前提にして、改めて具体的な契約書の起案をする。進め方としては、まず、ステップ2において、必要と思われる契約条項の要旨を総覧したうえ、次に、ステップ3において、契約書全体を起案するという方法をとる。

第3章　不正競争防止法（営業秘密）・訴訟法務

　今後のビジネス法務においてますますその存在価値を高めていくことが確実な不正競争防止法について概観したうえ、営業秘密不正利用行為について、具体的ケースを題材に、訴訟上の攻撃・防御の仕方を検討する。

　実際の訴訟において、抽象的な法律の規定が、具体的事実としてどう主張・立証されるのかを体験してもらいたい。

第4章　特許法・示談交渉法務

　特許に絡む事案を題材に、示談交渉の仕方を検討する。一見掴みどころがなく不利に見える事案であっても、あきらめずに有利な解決をめざす姿勢を学習する。

　ステップ1では、特許権を有するケースを題材に、法律上・事実上の

問題点を検討しながら、通知書（警告書）を起案することを学習する。
　ステップ2では、特許権・実用新案権を有しないケースを題材に、法律上・事実上の問題点を検討しながら、通知書（警告書）を起案することを学習する。
　ステップ3では、ステップ2のケースについて相手方から来た回答書を題材に、示談する際の合意の内容を検討する。契約書の作成については、第2章において学習するので、ここでは、相手方の回答を前提とする中で、示談書に織り込むべき内容を検討する。

第5章　独占禁止法・法律相談法務（意見書作成）

　ビジネス法務において重要であるにもかかわらず理解が困難といわれる独占禁止法について概観したうえ、具体的ケースについての法律相談に対する回答を意見書の形にまとめることにより、独占禁止法の考え方を学習し、法律相談法務への対応を体験してもらう。
　ステップ1では、企業法務における法律相談の位置づけを検討する。
　ステップ2では、独占禁止法を概観したうえ、具体的ケースにおいて独占禁止法上の問題点の検討の仕方を学習する。
　ステップ3では、ステップ2での独占禁止法上の問題点の検討を踏まえて、意見書の起案の仕方を学習する。

第6章　会社法（内部統制システム）・法的システム構築法務

　会社法のうち内部統制システムについて、ステップ1において、その制度の概要を株式会社の役員に説明するための講義レジュメを、ステップ2において、内部統制システムの整備に関する基本方針案を作成する作業をすることによって、社内教育・法的システム構築法務の一端に触れるとともに、株式会社のガバナンス・コンプライアンス・リスク管理等についての認識を深める。そして、ステップ3において、内部統制システムの構築にあたっては、単純に法律的な観点からのみ考えたのでは

実効性のある制度構築ができず、他の領域における知見に基づく考慮も必要であることを学習する。

設　問

　以下の各設問に答えるにあたっては、まず「本書の使い方」に掲げた各章の教材としての目的を一読していただきたい。このことによって、より効果的な学習ができるものと考える。

第 1 章　企業法務概観・知的財産関係法概観

ステップ 1

企業法務について、次の各事項に答えよ。
1　企業法務を定義すれば、どのようなものとなるか。
2　企業法務の内容には、どのようなものがあるか。
3　企業法務の機能には、どのようなものがあるか。
4　企業法務の特徴には、どのようなものがあるか。
5　今後の企業法務の方向は、どのようなものになると思われるか。

ステップ 2

知的財産権について、さまざまな観点から分類し、その全体的構造を概観せよ。

第2章　契約法務

ステップ 1

　下記事実関係において、Uバレーの要望に応えるためには、Uバレーと東町商店との間で、どのような内容の契約を締結するのが適切であるかを検討せよ。なお、神戸スーパーは契約の当事者とはならないものとする。

（事実関係）
1 関係者
　株式会社Uバレー（以下「Uバレー」という）：依頼者
　株式会社東町商店（以下「東町商店」という）：交渉相手方
　株式会社西宮繊維（以下「西宮繊維」という）：特許権者・商標権者
　神戸スーパー：全国展開する大規模小売店グループ

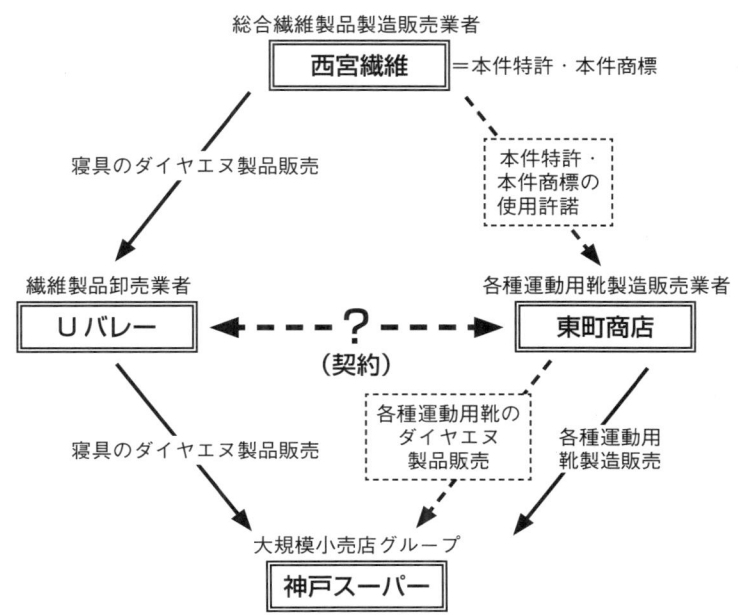

(1) 西宮繊維は、多様な繊維製品を取り扱う総合繊維製品製造販売業者であるが、ある薬剤の効果により体臭や汗の臭いが布生地に残存しにくい繊維の製法特許（特許第7654321号、以下「本件特許」という）および後記表示の商標（以下「本件商標」という）を有しており、本件特許を使用して製造した布団、布団カバー、まくらカバー、毛布等の寝具等の繊維製品に、本件商標を付した商品（以下総称して「ダイヤエヌ製品」という）を販売している。

(2) Uバレーは、繊維製品を中心とする卸売業者であるが、寝具を中心とするダイヤエヌ製品を大量に神戸スーパーに卸販売し、ダイヤエヌ製品の消費者への浸透とブランド定着化を達成した販売活動実績を有する。Uバレーは、この販売活動の過程において、ダイヤエヌ製品の販売活動に関するノウハウを蓄積し、西宮繊維との間で信頼関係を確立するとともに、神戸スーパーにおけるダイヤエヌ製品を含む寝具等の販売活動に関するノウハウを蓄積し、神戸スーパーとの間で信頼関係を確立している。

　なお、Uバレーは、西宮繊維から、本件特許および本件商標の使用許諾を受けていないし、将来的にも、これらの許諾を得られる可能性は少ない。また、Uバレーは、西宮繊維との間で、ダイヤエヌ製品の専属販売代理店契約を締結していないし、将来的にも、同契約を締結してもらえる可能性は少ない。

(3) 東町商店は、全国における各種運動用靴の製造販売実績を有し、神戸スーパーとの間でも各種運動用靴の取引実績を有し、神戸スーパーにおける各種運動用靴の販売活動に関するノウハウを蓄積し、神戸スーパーとの間で信頼関係を確立している。

2 関係者の意向

(1) 西宮繊維は、ダイヤエヌ製品を各種運動用靴にも展開したいと思っている。そして、その販売ルートとしては、手始めに、寝具のダイヤエヌ製品を消費者に浸透させブランドを定着化させるきっかけとなった神戸スーパーにおいて販売を開始することを計画している。しかし、西宮繊維は、繊維製品製造販売業者であり運動用靴の製造能

力を有していないことから、製造販売は、運動用靴の製造販売業者に委ねざるを得ない。そこで、Ｕバレーに相談して適当な運動用靴の製造販売業者を探してもらったところ、全国における各種運動用靴の製造販売実績を有し、神戸スーパーとの間でも各種運動用靴の取引実績を有する東町商店が見つかった。そこで、西宮繊維は、本件特許と本件商標を東町商店に使用許諾して、東町商店に、ダイヤエヌ製品の各種運動用靴の製造販売をさせたく考えている。

　なお、西宮繊維は、東町商店による神戸スーパーへの各種運動用靴の製造販売に関し、繊維製品を中心とする卸売業者であるＵバレーとの間で、直接の契約関係を持つつもりはない。ただし、Ｕバレーは、ダイヤエヌ製品を消費者に浸透させブランドを定着させた功労者でもあり、東町商店を探してきてくれた経緯もあることから、西宮繊維は、東町商店による神戸スーパーへの各種運動用靴の製造販売について、Ｕバレーが何らかの関与をすること自体には反対しない模様である。また、西宮繊維は、将来的には、東町商店以外の各種運動用靴の製造販売業者にも本件特許と本件商標の使用許諾をし、神戸スーパー以外の販路も開拓したいと考えており、今回の東町商店との取引は、ダイヤエヌ製品の各種運動用靴の製造販売の開始試験的なものと位置づけており、東町商店が製造する各種運動用靴の納品は神戸スーパーの日本国内の店舗に対するもののみを視野に入れている。

(2)　Ｕバレーとしては、西宮繊維に東町商店を紹介したものの、東町商店が西宮繊維と提携して、ダイヤエヌ製品の各種運動用靴の製造販売を始めると、東町商店は、神戸スーパーとの取引実績も有していることから、今後、西宮繊維が展開するダイヤエヌ製品の販売に関与する機会を東町商店に奪われ、寝具のダイヤエヌ製品についての商権も失いかねないことを危惧している。Ｕバレーは、ダイヤエヌ製品を大量に神戸スーパーに卸販売し、ダイヤエヌ製品の消費者への浸透とブランド定着化を達成することができたのは、Ｕバレーの販売活動実績があったからこそであると考えており、しかも、現在のＵバレーの売上の多くの部分は、寝具のダイヤエヌ製品を神戸スーパーへ卸販売することに依拠していることから、この商権を失わないためにも、各種運

動用靴の卸販売実績はないが、何とかして、東町商店と西宮繊維との間の取引に関与したいと考えている。
(3) 東町商店としては、寝具のダイヤエヌ製品が消費者に好評であることから、是非とも西宮繊維から本件特許の使用許諾を受けて各種運動用靴のダイヤエヌ製品の製造販売を手懸けたいと考えている。そして、将来的には、これによって獲得するノウハウを利用して、各種運動用靴以外のダイヤエヌ製品の製造販売も手懸けたいと考えている。しかし、現時点においては、ダイヤエヌ商品の特性や消費者への販売活動についてのノウハウには疎いところがあり、西宮繊維を紹介してくれたUバレーの協力を望んでいる。

（商標の表示）

商標登録第 1234567 号

ダイヤエヌ

指定商品ならびに商品の区分

第24類　ふきん、かや、敷き布、布団、布団カバー、布団側、まくらカバー、毛布、織物製壁掛け、カーテン、テーブル掛け、どん帳、シーツ

第25類　被服、ガーター、靴下止め、ズボンつり、バンド、ベルト、運動用特殊衣服、運動用特殊靴

第27類　敷き物、壁掛け（織物製のものを除く。）

ステップ 2

本文第2章ステップ1を読んだうえで、必要と思われる契約条項のタイトルと各条項の要旨を列記せよ。

ステップ 3

本文第2章ステップ2を読んだうえで、75頁記載の【販売提携契約条項配列表】に従って契約書を起案せよ。

第3章　不正競争防止法（営業秘密）・訴訟法務

　被告は、次のような訴状の送達を受けた。訴状の請求の原因に記載された事実のうち、アンダーラインを付された部分は、被告としても、真実と認めざるを得ないものとする。そして、訴状に記載されていない事情として、後記28頁のような事実関係がある。これらの事実関係は、いずれ原告・被告いずれかから訴訟上主張される可能性がある。
　この場合、被告は、原告の請求を棄却する判決を得るために、どのような反論をすることができるか。答弁書の記載方法を意識して検討せよ。

訴　　状

○○地方裁判所　御中

　　　　　　　　　　　　　　　　　　平成18年8月1日

　　　　原告訴訟代理人弁護士　○　○　　○　○

　　　　〒○○○－○○○○
　　　　○○市○○区○○町○○番地
　　　　原　　　　　告　　株式会社○○○○
　　　　同代表者代表取締役　○　○　　○　○

　　　　〒○○○－○○○○
　　　　○○市○○区○○町○○番地○○ビル○階
　　　　○○法律事務所（送達場所）
　　　　ＴＥＬ　（○○○）○○○－○○○○
　　　　ＦＡＸ　（○○○）○○○－○○○○
　　　　上記訴訟代理人弁護士　○　○　　○　○
　　　　〒○○○－○○○○

○○市○○区○○町○○番地
被　　　告　　○○　○○

競業行為差止等請求事件

訴訟物の価額　　2400万円
ちょう用印紙額　9万2000円

請　求　の　趣　旨

1　被告は、下記(1)ないし(4)の事業（以下「本件事業」という）の全部または一部を自ら営業し、もしくは、第三者をして営業させ、または、本件事業の全部または一部を営業する会社の役員もしくは従業員となってはならない。

記

(1)　発電機用ガスタービン・航空機部品用各素材の輸出入業
(2)　発電機用ガスタービン・航空機部品用各素材の販売コンサルタント業
(3)　ガスタービン・航空機部品の製造用消耗品の販売業
(4)　ガスタービン・航空機部品製造用機械器具の販売および製作据付作業

2　被告は、原告に対し、金600万円およびこれに対する平成18年8月1日から支払済みに至るまで年5分の割合による金員を支払え。
3　訴訟費用は被告の負担とする。
4　仮執行宣言
との判決を求める。

請　求　の　原　因

1　当事者等
　(1)　当事者
　　　原告は、下記アおよびイの事業（以下「本件原告事業」という）その他の事業を目的とする株式会社であり、被告は、昭和60年4月1日に入社し、平成18年3月8日に退職した原告の元従業員である。

　　　　　　　　　　　　　記
　ア　下記①ないし③の物品に関する貿易、卸売ならびにその仲介および代理
　　①　車輌、船舶、航空機、電気・電子機械器具、精密機械器具（医療用含む）、建設機械器具、工作機械器具および産業用機械器具ならびにそれらの部品
　　②　鉄鋼、非鉄金属
　　③　耐火煉瓦、セラミック製品ならびに材料
　イ　車輌、船舶、航空機、電気・電子機械器具、精密機械器具（医療用含む）、建設機械器具、工作機械器具および産業用機械器具ならびにそれらの部品の修理、組立、据付工事請負および指導等
　(2)　関係者
　　　A株式会社（以下「A社」という）は、下記①ないし④の事業（以下「本件事業」という）を目的として、平成18年2月5日に設立された株式会社で、その取締役である甲は、被告の妻である。なお、本件事業は、本件原告事業に包摂される関係にある。

　　　　　　　　　　　　　記
　　①　発電機用ガスタービン・航空機部品用各素材の輸出入業

②　発電機用ガスタービン・航空機部品用各素材の販売コンサルタント業
③　ガスタービン・航空機部品の製造用消耗品の販売業
④　ガスタービン・航空機部品製造用機械器具の販売および製作据付作業

2　原告の事業と被告の元従業員時代の業務
(1)　原告の事業
　　原告の事業は、多岐に亘るが、被告が元従業員時代に担当していた部門は、機械金属本部第5チームであった。そして、機械金属本部第5チームの具体的業務は、本件原告事業に関する業務であり、その取引先は、輸入先としての米国・英国の会社、輸出先としての米国・韓国の会社および卸先としての国内の会社が中心であった。
(2)　被告の元従業員時代の業務
　　被告は、機械金属本部に長年属し、退職時には、機械金属本部第5チームのチームリーダー（部長）であった。そして、被告の担当する具体的業務は、同チームの担当する業務全般（管理業務も含む）であり、担当する取引先は、同チームの担当する取引先全般であったことから、被告は、同チームの担当する商品・取引先等に関する情報をすべて掌握できる立場にあった。

3　被告の競業行為
(1)　営業秘密不正使用開示行為（主位的主張）
　ア　被告は、平成18年1月31日、原告に対し、同年3月8日付けの退職を願い出たうえ、同日を以って、原告を退職した。その後、被告は、A社の担当者として原告を退職するまでに得た、原告の仕入先、販売先、取扱商品、売上高および利益率などの取引先関係情報（以下「本件取引先関係情報」という）

を使用開示して、原告の取引先であった米国、中国および国内の数社と取引の交渉等をして、短期間のうちに、原告を排除した独占的総販売代理店契約を締結したうえ、遅くとも同年4月1日以降、本件事業の全部または一部に該当する行為を行っている。なお、被告は、この行為が原告にマイナスの影響（損害）を与えることを認識していた。

イ　原告は、車輛、船舶および航空機用の精密鋳造部品ならびに原材料などの特殊な商品を扱う専門商社であるところ、本件取引先関係情報は、長年にわたる専門商社としての営業活動により蓄積された、製造会社、供給先会社および商品などについての特殊専門的知識に基づく、原告にとって企業の生命線ともいうべき重要な情報であった。原告における本件取引先関係情報の管理は、これが社外に流出することを防止することを主眼とし、「従業員は、職務上知り得た会社の営業秘密を正当な理由なく漏洩してはならない。」との就業規則上の営業秘密保持義務を課すことや営業会議等で社外への不正使用開示の禁止を徹底すること等で対応してきた。そして、原告は、これまで、自発的に本件取引先関係情報を社外に公開したことや社外に取得可能な状態に置いたこともない。よって、本件取引先関係情報は、不正競争防止法第2条第6項の「営業秘密」に該当する。

(2)　不法行為（予備的主張）

仮に、本件取引先関係情報が不正競争防止法第2条第6項の「営業秘密」に該当しなかったとしても、

ア　被告は、原告に在職中から、米国における原告の取引先を訪問する等して、将来被告が原告を退職した場合には、被告ないしは被告が関係する者が原告と同様の事業をするので、取引関係をもつよう働きかけていた。そして、被告が担当していた部署と同じ事業を行うつもりで、原告と競業する事業

会社を経営する乙と組んでＡ社を設立し、被告の妻である甲を取締役に就任させた。そして、退職に際して十分な業務の引継をせず、しかも、引継後任者の中心人物であった丙を原告から退職させてＡ社に入社させる等して、原告が営業活動をすることを困難にする工作をしたうえ、原告を退職するや否や原告の気づかない間に、電光石火のごとく、原告の取引先と、独占的総販売代理店契約を締結した。

　イ　そして、Ａ社が原告の取引先との間で、短期間のうちに、独占的総販売代理店契約を成立させることができたのは、Ａ社に、自らのリスク負担と経営努力があったからではなく、被告が、原告在職中に得た本件取引先関係情報を利用し、しかも、原告には、競合する他のメーカー品を扱う可能性があって、独占的総販売代理店契約を締結できない事情があることを知ったうえで、原告より有利な条件を提示すれば、独占的総販売代理店契約を容易に締結できそうな取引先だけを、いわば狙い撃ちで選択したからである。

　ウ　これらの事実関係からすると、被告の行為は、自らの実質的なリスク負担や経営努力なくして、単に本件取引先関係情報を利用することによって、原告の取引先を奪取したものであって、到底、自由競争の範囲内に収まるようなものではなく、不法行為というべきである。

４　原告の損害

　　被告の上記３の競業行為により、原告は、取引先を奪われ、平成18年４月１日以降、少なくとも１か月あたり金150万円を下らない額の損害を被っており、同日から同年７月31日までの損害額は、合計金600万円を下らない。なお、被告の上記３の行為が継続された場合には、原告は、同年８月以降も、１か月あたり金150万円を下らない額の営業上の利益を侵害され

続けることとなる。

5　結語
　　よって、原告は、被告に対し、不正競争防止法第3条・第2条第1項7号に基づき請求の趣旨第1項記載の差止、ならびに、不正競争防止法第4条・第2条第1項7号（主位的）または民法第709条（予備的）に基づき金600万円の損害賠償金およびこれに対する履行期経過後である平成18年8月1日から支払済みに至るまで年5分の割合による遅延損害金の支払を求める。

以　上

証　拠　方　法

甲第1号証	商業登記簿謄本
甲第2号証	住民票
甲第3号証	従業員就業規則
甲第4号証	退職願
甲第5号証	名刺

付　属　書　類

1	訴状副本	1通
2	甲号各証写し（正本・副本）	各1通
3	資格証明書	1通
4	委任状	1通
5	訴額算定書	1通

（訴状に記載されていない事情）

① 原告では、本件取引先関係情報（訴状の請求の原因の3(1)に記載された原告の仕入先、販売先、取扱商品、売上高および利益率などの取引先関係情報）を集約した文書は特に作成されておらず、また、コンピュータにデータベースとして収納されてもいなかった。これは、本件取引先関係情報が、目に見えない情報の組合せによって成り立っており、その組合せ如何によって情報そのものや情報の価値が刻々と変化するため、発明や技術のようにそれ自体の情報が確定しておらず、そもそも、営業秘密の範囲を確定し文書化等することが困難であったからである。

② 本件取引先関係情報の元となるものとして、原告は、従業員に対して、その営業活動を日誌的に報告する「ウイークリーレポート」の提出を義務づけていたが、同文書には、「マル秘」や「持ち出し・謄写厳禁」等の表示は無く、原告内で回覧され、閲覧・謄写も自由であった。また、原告では、従業員が出張を行った際には、出張先における営業活動を日誌的にして記載する「出張業務報告書」の作成を義務付けていたが、この文書にも「マル秘」や「持ち出し・謄写厳禁」等の表示はなかった。

③ 原告では、各営業部門が取り扱う商品が密接に関連していることから、各営業部門または各営業部員が、取引先関係の情報を独自の情報として独占すると、原告全体として商機を逃すなどの営業上の障害となるため、原告内では、情報を共有化し、取引先関係の情報にアクセスできる者を限定する措置は採っていなかった。

④ 原告は、本件取引先関係情報の文書化等が困難であることから、不正使用開示の防止策として、就業規則や営業会議等で不正使用開示の禁止を徹底することで対応しようと考えていた。

⑤ 原告レベルの商社の場合、取引先と取引関係を樹立するきっかけは、商社マンとしての個人的信頼関係によるところも大きい。

第4章　特許法・示談交渉法務

ステップ 1

　下記事案において、X株式会社（以下「X社」という。）の代理人弁護士として、株式会社Y（以下「Y社」という。）に対し送付すべき通知書を起案せよ。なお、Y社には、顧問弁護士がおり、反論をしてくることは容易に推測できる。

記

（事案）

　X社は、穴あけ機の製造販売業者である。

　X社は、打撃ヘッド（以下「ヘッド」という。）とヘッド装着部付本体とで構成される岩盤用穴あけ装置についての特許権（発明の名称・○○打撃式穴あけ機、以下「本件特許権」という。）を有している。本件特許権に係る発明（以下「本件特許発明」という。）は、①装着部との接合のために特異な形状となっている取替式ヘッドと、②ヘッドが容易に交換できる取替式でありながら、ヘッドとの装着部分に各方向からの様々な力が働いても外れない構造になっているヘッド装着部付本体とで構成される岩盤用穴あけ装置の発明であるが、ヘッドが取替式である点に、その本質的部分がある。従前の同種の方法による岩盤用穴あけ機は、一定期間の使用を経るとヘッドが磨耗し、ヘッドを交換する必要が生じるが、その場合には、穴あけ機本体を分解して、穴あけ機本体と一体となっているヘッドを付け替える必要があった。ところが、本件特許発明においては、ヘッドを取替式にすることにより、磨耗による消耗部分であるヘッドを交換するだけで、穴あけ機本体を分解することなく穴あけ装置全体の機能を維持することができ、その結果、ユーザーのコストを軽減することができるという特徴がある。

　X社は、本件特許発明を実施して、岩盤用穴あけ機「スゴPUNCH」（以下「スゴPUNCH」という。）を製造販売している。ユーザーが使用するヘッドが磨耗した場合には、自らが消耗品である取替式交換ヘッド「ハヤPUNCH」（以下「ハヤPUNCH」という。）を提供することを予

定し、現に、X社は、スゴPUNCHの販売の際には、ユーザーに対し、ハヤPUNCHの単価・交換費用・耐用度を説明したうえ、販売後も、X社社員による巡回サービスを通じて、スゴPUNCHの良好な作動環境を提供し続け、ハヤPUNCHの予定交換時期が来れば、連絡をする等のアフターサービスを行なっている。

ところが、Y社は、遅くとも平成18年1月頃より、スゴPUNCHの取替式ヘッドに使用されることを意図して、交換ヘッド「ヤスPUNCH」（以下「ヤスPUNCH」という。）を製造・販売し始めた。ヤスPUNCHは、ハヤPUNCHと材質・形状・寸法がほぼ同一であるが、ハヤPUNCHより低価で販売されているようで、ユーザーの多くは、ヤスPUNCHを購入し始め、ハヤPUNCHの販売量は急速に減少している。

ステップ 2

下記事案において、X株式会社（以下「X社」という。）の代理人弁護士として、株式会社Y（以下「Y社」という。）に対し送付すべき通知書を起案せよ。

記

（事案）

1 X社は、約30年前に、米国のA社から、A社の主力製品であるαボイラとその部品であるβパッキンを含む純正部品の独占的製造販売ライセンスの設定を受け、これらを製造販売してきたボイラ製造販売会社である。

2 ところで、Y社は、X社からαボイラを購入し使用中の顧客に対し、次の内容の文書（以下「本件文書」という。）を配布して、αボイラの部品であるβパッキンの購入を勧誘し、販売し始めた。

【αボイラご使用中のユーザーの皆様へ】
さて、現在、御社にてご使用中のαボイラは、X社が米国のA社より技術供与を受け、日本国内で製造販売しておりますが、部

品であるβパッキンの価格が高いのが難点であります。
　ところが、当社は、今般、あるルートよりオリジナルのA社のαボイラの部品βパッキンがお手ごろな価格で入手可能になりましたので、ご紹介いたします。
　製造元のカナダのB社は、A社の系列会社としてαボイラの部品を専門的に製造していましたが、近時、ある事情によってA社の傘下を離れ、独立することになりました。
　ついては、長年培ってきたαボイラの部品の製造技術を生かすべく、性能的・寸法的に何の問題もないオリジナルの部品を直接ユーザーの皆様に安価に供給しようということになりました。
　当社としては、このことはαボイラご使用中のユーザーの皆様にとって必ずやメリットのあることではないかと考え、ここにご案内申し上げる次第です。

　平成18年4月1日

　　　　　　　　　　　　　　　　　株式会社Y営業第1部

3　上記2の情報を得たX社が調査したところ、以下の事実が判明した。
　(1)　Y社の販売したB社製と称するβパッキンは、A社のαボイラの純正部品ではないこと。
　(2)　B社は、A社の系列会社としてαボイラの部品を専門的に製造していた事実はないこと。
　(3)　Y社の販売したB社製と称するβパッキンは、「性能的・寸法的に何の問題もない」とはいえない可能性があること。すなわち、X社は、本件文書の記載内容を信じて、Y社の販売するβパッキンを購入した顧客から、αボイラにトラブルが発生したとの連絡を受け、X社の担当者がその修理を行なった。厳密な意味での原因は不明であるが、従前のαボイラに見られない故障であり、B社製と称するβパッキンの品質不良が、Xが販売したαボイラ自体の故障を誘発した可能性がある。このことに照らすと、将来、顧客からX社にその無償修理を求めてくる可能性がある。

4 なお、X社もA社も、αボイラに関して、特許権も実用新案権も有していない。その販売力は、もっぱら、αボイラとその純正部品の性能ならびに製造品質の高さとアフターサービスの質の高さによっている。また、X社は、αボイラにつき商標権は有しているものの、βパッキンについては、その名称が一般用語であるため商標権は有していない。

ステップ 3

ステップ2の事案において、X社代理人弁護士が、Y社に対し、後記149頁記載の通知書を送付したところ、Y社の代理人弁護士から、下記の回答書が寄せられた。この場合、X社がY社との間で、何らかの示談をするとした場合、どのような内容の合意をすればよいか。

記

【回答書】

平成18年10月1日

株式会社X代理人
　弁護士　○○　○○　殿

〒○○○－○○○○
○○市○○区○○町○丁目○番○号○○ビル○○階
○○法律事務所
弁　護　士　○○　○○
ＴＥＬ○○○－○○○－○○○○
ＦＡＸ○○○－○○○－○○○○

回　答　書

拝復　ますますご清栄のこととお慶び申し上げます。
　さて、当職は、Y株式会社（本店・○○市○○区○○町○丁目○

番○号○○ビル○○階、代表取締役・○○○○、以下「Y社」といいます。）の代理人として、貴職のY社に対する平成18年9月1日付通知書に対し、以下のとおりご回答申し上げます。

1　Y社は、平成18年4月から、B社製βパッキンを香港のC社から輸入し販売を開始しましたが、取引開始時点で、C社から、B社がA社の系列会社であり、βパッキンがオリジナルのA社の部品であるとの説明を受け、それを信用し、性能テストを行なった上で、販売を開始しました。そして、Y社は、販売開始日の平成18年4月1日に、貴職ご指摘の【αボイラご使用中のユーザーの皆様へ】という文書を15社に対し配布いたしましたが、配布したのは、この時だけであります。

2　ところで、今般、貴職からご指摘を受け、B社がA社の系列会社であったか否かを調査しましたが、残念ながら、B社はA社の系列会社とまではいえず、オリジナルのA社の部品ではないことが判明いたしました。Y社としては、意図的にしたことではないとはいえ、事実と異なった内容の上記文書を配布した結果になったことをお詫び申し上げます。

3　そこで、Y社は、平成18年9月25日、上記文書を配布した15社に対し、事実と異なった内容が含まれていたことを指摘し、その内容を訂正する旨の文書を送付いたしました。

4　なお、上記2および3の各文書を配布した15社およびB社製βパッキンの納入実績（納入日・納入先・数量）は、別紙「文書配布先等一覧表」記載のとおりです。ただし、販売代金額については、営業上の必要によりお答えできません。

5　ところで、Y社は、Y社の販売したB社製βパッキンを原因として、αボイラ本体の故障を誘発したという報告は受けておりません。Y社としては、Y社の販売したB社製βパッキンについてのクレームは、誠意を持って個別に対応させていただく所存であります。

6　以上のとおりでありますので、Y社といたしましては、貴社と何らかの合意をした上で、今後も、B社製βパッキンの販売を継続していきたく考えておりますので、ご検討のほどよろしくお願い申し上げます。

　　　　　　　　　　　　　　　　　　　　　　　　　敬具

（別紙）　　　　　　　**文書配布先等一覧表**

番号	文書配布先会社名	B社製βパッキン納入日	数量
1	D	平成18年5月6日	1
2	E	平成18年5月8日	2
3	F	平成18年5月15日	1
4	G	平成18年5月22日	4
5	H	平成18年6月1日	1
6	I	平成18年6月4日	1
7	J	平成18年6月17日	1
8	K	平成18年6月22日	3
9	L	平成18年6月29日	2
10	M	平成18年7月2日	1
11	N	平成18年7月4日	1
12	O	平成18年7月10日	2
13	P	平成18年8月22日	1
14	Q	－	－
15	R	－	－

第5章 独占禁止法・法律相談法務（意見書作成）

ステップ 1

企業法務における法律相談の位置づけについて検討せよ。

ステップ 2

X社は、以下の〈事案の概要〉について、現在採ろうとしている方針に、独占禁止法上の問題が生じる可能性があると考えており、そのため、弁護士に独占禁止法上の問題点についての意見を求めている。相談を受けた弁護士として、独占禁止法について概観したうえ、本設問の事案について、独占禁止法上どのような問題点が生じるかを検討せよ。

〈事案の概要〉

1 関係者

　X社：依頼者、魚介類の加工食品メーカー
　Y社：魚介類の加工食品メーカー
　Aスーパー：全国展開する大手食品量販店
　Bストア：大手食品量販店

2 相談内容

(1) X社およびY社は、魚介類の缶詰、チルド食品などの加工食品を主に扱う大手加工食品メーカーである。同社らは、材料となる魚介類を国内、国外から仕入れて、自社の工場で加工して、デパート、スーパーへと卸しており、両者を併せた魚介類の加工食品のシェアは業界全体の60パーセントを占めている。

　　そして、全国展開している食品量販店のAスーパーおよびBストアは、X社、Y社らにとって、その売上の多くを占める有力な得意先である。

(2) X社、Y社らの加工食品メーカーは、Aスーパーらに加工食品を卸す際、各店舗に配送するための運搬費用等の物流経費を負担する慣習があり、負担しない場合には、取引を打ち切られる危険が高い。
(3) 上記（2）の物流経費の負担の割合は、量販店によって、かなりの差があり（Aスーパーについては80パーセント、Bストアについては、40パーセント）、当然、負担割合が高ければ、メーカーの利益にとっては、大きなマイナスとなる。
(4) なお、大手の量販店であるAスーパーは、物流経費以外にも、食品メーカーに対し、取引ごとのリベートおよび毎年3月には協賛金の支払を求めており、繁忙期には、マネキン（販売員）の派遣の要請をしていた。それらは、食品メーカーにとって、大きな負担となっていたが、Aスーパーへの売上が大きい食品メーカーらは、それを受け容れざるを得ない状況であった。
(5) 以上のような状況において、X社は、現状を打開するために、対抗策として、Y社との間で、上記のような、物流経費の負担等を要請する量販店に対しては、今後、取引を一切しないとの合意をすることについて検討している。

ステップ 3

ステップ2の検討を踏まえ、弁護士から依頼者に対する回答として、意見書を作成せよ。

第6章　会社法（内部統制システム）・法的システム構築法務

ステップ 1

　取締役会および監査役設置会社における会社法上の内部統制システムについて、その制度概要を株式会社の役員に説明するための講義レジュメを作成せよ。

ステップ 2

　大会社である取締役会および監査役設置会社における内部統制システムの整備に関する基本方針案を作成せよ。

ステップ 3

　例えば、「従業員には悪いことをする者が必ず存在するという性悪説に立った制度設計をする必要がある。」等の内部統制システムの構築にあたって留意すべきポイントを考えよ。

解説編

第1章 企業法務概観・知的財産関係法概観

【「本書の使い方」(11頁) より】

　ステップ1では、企業法務について概観する。企業法務の内容を鳥瞰し、その機能を検討し、これに関与する企業法務部門と弁護士の双方の視点から、その特徴を把握することによって、その本質を理解してもらったうえ、企業法務の今後の方向について考える。「はじめに」で述べたように、本書は、その理解なくしては到底現在のビジネス法務をまっとうに処理できない分野の法律と多岐にわたるビジネス法務の形態を、いわば縦軸と横軸とに組み合わせて学習できるような教材作りを目指したものである。具体的には、第2章ないし第6章がその目的に沿う教材であるが、第2章ないし第6章で学習する事項を正しく理解するうえで、それらが企業法務ないしビジネス法務全体の中でどう位置づけられるのかを理解しておくことが不可欠であることから、ステップ1の設問を設けている。

　ステップ2では、現在のビジネス法務において不可欠の知的財産関係法の分野について、その全体的構造と意義を概観する。知的財産関係法の分野の個々の法律を学習する前に理解をしておくべき、知的財産関係法の分野の全体的構造と意義を概括的に学習する。本書の第3章・第4章においては知的財産関係法関連の設問があるので、これらの予備知識を得るためにも、ステップ2の設問を設けている。

ステップ 1

1　企業法務の定義

　企業法務の定義としては、一般的に、次のとおりの静態的意味における定義と動態的意味における定義がなされている（多田晶彦「学問としての企業法務」『ＮＢＬ』536 号，1994 年，13 頁）。

(1)　静態的意味
　企業がその活動を行うにあたって処理すべき公・私法のすべての分野にわたる法律事務の総称。

(2)　動態的意味
　企業が行う法律事務処理の活動。

　しかし、これらの定義によって、企業法務の本質が明らかになるわけではない。そこで、企業法務の本質を理解するために、その内容を鳥瞰し、その機能を検討したうえ、その特徴を把握してみることとする。

2　企業法務の内容

　まず、企業法務の内容を概観することとする。企業法務の内容は、種々の観点から整理・分類することができる。ここでは、企業法務の中心である株式会社における企業法務の内容を概観することにする。株式会社における企業法務の内容を整理・分類する場合には、理論的な方法とはいえないが、株式会社であることに由来するものとそれ以外の企業であることに由来するものとに分けて考えるのがわかりやすい。

　なお、ここで注意しなくてはならないことは、企業法務に携わる者は、これらの整理・分類された内容のすべてを理解したうえ処理する能力を備えなければならないわけではないということである。もちろん、できるだけ多くの分野について処理できる能力を持つに越したことはないが、それは本来不可能なことである。むしろ、企業法務というの

はそれだけ守備範囲が広いものであることを認識すると同時に、どのようなことがどのような法的分野において問題になるのかということを、適切に抽出できる能力を備えることの方が重要である。

(1) 株式会社であることに由来するもの

　株式会社であることから、会社法の適用があるとともに、株式を証券取引所に上場している場合等には、金融商品取引法（平成18年6月7日改正により証券取引法から名称変更された。）の適用がある。その主要なものは、以下のとおりである。

ア　会社法務
　会社法により株式会社に処理すべきことが要求されている法律事務である。
- ⅰ　株主総会関係：株主総会の準備、株主総会関係文書の作成
- ⅱ　取締役会関係：取締役会議事録の作成、内部統制システム、自己取引規制
- ⅲ　株式管理関係：名義書換、譲渡制限株式、ストックオプション
- ⅳ　社内文書関係：各種文書作成・管理
- ⅴ　資金調達関係：新株発行、社債発行
- ⅵ　子会社関係：子会社設立
- ⅶ　事業再編関係：会社清算、事業譲渡、合併、会社分割、株式交換・移転
- ⅷ　会社登記関係：役員変更登記
- ⅸ　株主代表訴訟関係：株主からの訴訟提起請求への対応

イ　金融商品取引法関係法務
　金融商品取引法により株式会社に処理すべきことが要求されている法律事務である。
- ⅰ　開示関係：有価証券届出書・目論見書・有価証券報告書の作成
- ⅱ　インサイダー取引規制関係：重要事実の公表
- ⅲ　公開買付関係：株主への公告や財務局への届出

(2) **企業であることに由来するもの**

　株式会社であるかどうかにかかわらず、企業であることにより処理することが必要となる法律事務である。これらについては、法律分野の観点と法律事務の形態の観点から区分して整理・分類するのがわかりやすい。

ア　法律分野からみた主な内容

　上記(1)の会社法・金融商品取引法以外の企業の活動に関連するすべての法律事務がその内容となるが、主要なものは、以下のとおりである。

　i　労働関係法務
　　① 労働条件の設定・採用・解雇・懲戒
　　② 労働組合交渉
　　③ 労働事件
　　④ 労災事件
　ii　税法関係法務
　iii　業法関係法務
　　① 営業許認可申請
　　② 行政不服申立
　iv　知的財産権関係法務
　　① 知的財産権調査
　　② 知的財産権登録申請
　　③ 知的財産権管理：ライセンス契約・侵害排除
　v　不正競争防止法関係法務
　vi　独占禁止法関係法務
　vii　製造物責任法関係法務
　viii　倒産関係法務
　ix　環境法関係法務
　x　消費者保護法関係法務
　xi　国際関係法務
　xii　刑事法関係法務

イ　法律事務の形態から見た主な内容

　企業法務の内容を、その形態から整理・分類することも有用である。主要な形態は、以下のとおりである。

ⅰ　審査・債権管理回収法務

　担保設定（担保評価・対抗要件取得）、債権の消滅時効管理、担保権実行等による債権回収、債権届出・別除権協定等の倒産処理がその主な内容である。

ⅱ　契約関係法務

　取引に関する法的助言、契約書作成、契約交渉がその主な内容である。

ⅲ　訴訟関係法務

　裁判所における訴訟手続に関する法律事務であるが、裁判所における調停手続、社団法人日本商事仲裁協会における商事仲裁・社団法人日本海運集会所における海事仲裁のような各種裁判外紛争解決手続（ＡＤＲ）、公正取引委員会等の行政委員会や金融庁等の行政機関が行う審判や国税不服審判所の国税不服審判・中央労働委員会による不当労働行為の審査のような準司法手続もこれに準じて考えることができる。

ⅳ　示談・もめ事処理的法務

　訴訟に至らない段階における紛争処理のための交渉である。最終的に、示談（和解）により紛争を解決することもあれば、何らの合意もしないで紛争が終息することもある。逆に、紛争が解決に至らず訴訟等に発展することもある。実際の企業法務においては、企業活動の過程において生じた交通事故や労災事故の被害者との間の損害賠償交渉、取引先との間の取引上のトラブルを巡る交渉、消費者との間の商品クレームに関する交渉のほか、総会屋等の反社会的勢力との間の不当な要求に対応するための交渉等、その内容は多岐にわたる。不当な要求に対応するための交渉に弁護士が関与する場合は、企業に対する一種のボディーガード的役割を果たすことになることが多い。

v 法律相談法務

　法律の解釈・具体的事案への適用等についての相談に関する法務である。相談に回答をするためには、当該事案における事実関係の理解・関係資料の検討・法令調査等の作業が必要となる。

vi 社内教育・法遵守プログラム作成・法的システム構築法務

　社内教育は、従前は、従業員に当該企業の営業活動に必要な業法上の法的知識を教育するという目的で行なわれることが中心であった。しかし、近時は、これに加えて、独占禁止法遵守プログラムの作成等のコンプライアンス関連の法遵守プログラム作成や会社法に基づく内部統制システムの整備・公益通報者保護法に対応する内部通報システムの構築・営業秘密管理規定の策定等の法律が要求する法的システムの構築と、これに関する社内教育という形態の法務が生まれている。

vii コンサルタント的法務

　高度かつ新規の法的知識や深い法務経験を駆使し、場合によっては、法的知識・経験だけではなく、税務・会計上の知識・経験、経営・取引上の知識・経験、人脈をも駆使して、新規事業の計画を立案するとかM&Aの経営戦略を策定するといった形態の法務である。日常的に行なわれる上記 ii の契約関係法務や上記 v の法律相談法務のレベルを超えた、複雑かつ多面的な法律相談法務と契約関係法務が合体したものをイメージしてもらえればよい。

viii アドバイザー的法務

　法律知識・経験を基盤としながらも、経営・取引上の知識・経験をも駆使し、さらには社会情勢等にも配慮しながら、企業が選択すべき途をアドバイスするという形態の法務である。法務を軸にしながらも、法務を超えた、企業自体あるいは経営者のご意見番的な役割をイメージしてもらえればよい。

3 企業法務の機能

　次に、企業法務を機能の観点から検討する。一般的には、企業法務には、以下の3つの機能があると考えられている（多田晶彦「学問と

しての企業法務」『ＮＢＬ』536号, 1994年, 15頁)。

(1) 紛争解決機能

法的紛争を処理する機能で、法的紛争の有利解決が目的である。

紛争解決のための活動である訴訟関係法務（前記2(2)イⅲ）や示談・もめ事処理的法務（前記2(2)イⅳ）が、この機能を有する。

(2) 紛争予防機能

法的紛争の発生を未然に防止する機能で、利益の逸失防止が目的である。

法的紛争の発生を未然に防止するための諸策を立案し、これを現実化する活動である契約関係法務（前記2(2)イⅱ）、法律相談法務（前記2(2)イⅴ）および社内教育・法遵守プログラム作成・法的システム構築法務（前記2(2)イⅵ）が、この機能を有する。

(3) 戦略的機能

企業活動の目的遂行のために有用な戦略・戦術を立案する機能で、利益の創造が目的である。

コンサルタント的法務（前記2(2)イⅶ）が、この機能を有する。

4 企業法務の特徴

さらに、企業法務を理解するために、以下の2つの観点から、企業法務の特徴を見てみることとする。

(1) 企業活動の形態・領域の特性に由来する特徴

企業法務は、他の領域の法務に比較して、企業活動の形態や領域の特性に符合する形で、次のような特徴があると考えられる。企業法務に携わる法務担当者や弁護士は、このような企業法務の特徴を認識しておくことが、その処理に役立つのではないかと考える。

　ⅰ　長期・継続的

　　　一般的に、企業活動は、長期にわたる継続的なものであること

から、企業法務の処理対象も、企業活動と一体となって、長期にわたる継続的なものとなりやすい。これは、企業のゴーイングコンサーン（無期限に継続する企業）としての本質からくる特徴である。特に、弁護士にとっては、1回限りの事件処理を依頼してくるクライアントとは異なり、その企業の特質等を理解したうえで、迅速かつ適切な法務処理をしやすい利点があり、ここに、企業にとって顧問弁護士を必要とする理由がある。

ii 全国的・国際的

一般的に、企業活動の地理的範囲は、全国的・国際的なものとなる傾向があり、企業法務の処理対象の地理的範囲も、企業活動の地理的範囲と一体のものとして、全国的・国際的なものとなりやすい。

iii 多分野・多種・大量性

一般的に、企業活動の対象は、多分野にわたり、また、多種・大量のものとなる傾向があり、企業法務の処理対象も、企業活動の対象と一体のものとして、多分野・多種・大量のものとなりやすい。

iv 高度・先進的

一般的に、企業活動は、高度かつ先進的なものが多く、企業法務の処理対象も、企業活動の高度性・先進性と一体となって、高度かつ先進的なものとなりやすい。

v 対象の高額性

一般的に、企業活動の経済規模は大きく、企業法務の処理対象も、企業活動の経済規模に符合して、高額なものとなる傾向がある。

vi 意思形成につき手続的

企業内部における意思形成は、組織的手続に従ってなされることから、企業法務の処理自体も、手続的なものとなる。企業の組織性に由来するものであるが、企業法務の処理にあたっては、内部決裁を得るための準備等、この点についての配慮が欠かせない。

vii 文書等による記録化の要請

企業活動については、商法・会社法・税法等に基づき文書等に

よる記録化が義務化されているのみならず、企業内部における意思形成自体が組織的手続に従ってなされることから、文書等による記録化が要請されており、企業法務の処理についても、文書等による記録化の要請が強い。

(2) 弁護士にとっての企業法務の事務的特徴

企業法務の特徴を考える場合、これに関与する弁護士の立場に立って、他の法律事務処理と異なる事務的特徴が何であるかを認識しておくことも有用である。

　ⅰ　事実関係・法的問題点がある程度整理済みであること

企業の法務担当者がいることから、弁護士のところにその処理が依頼される時点では、事案の事実関係・法的問題点がある程度整理済みであることが多い。しかし、その整理のレベルは、企業によってまちまちである。

なお、企業法務を処理する弁護士は、事実関係・法的問題点が既に整理された後で法務処理をするので、一般の依頼者から依頼を受けた事案を処理するのに比べて楽であると考える向きもあるが、大間違いである。先に述べた企業法務の高度・先進的特徴も相まって、既になされた事実関係・法的問題点の整理が正しいかどうかを常にチェックする必要があり、他人がした整理をチェックするのは、結構骨が折れる作業である。そういう意味では、顧問弁護士として、普段から企業の法務担当者を教育し、企業の法務担当者が企業内において、正しい事実関係・法的問題点の整理ができるようにしておくことが重要となる。もちろん、その反面として、企業の法務担当者も弁護士に正確な事実関係・法的問題点の整理結果を提供できるよう努めるべきであるが、その際に重要なことは、正確であると確実に判断できる事項とそうではない事項とを峻別して、弁護士に判断を委ねる事項の範囲を明確に絞り込むことである。

　ⅱ　資料が膨大であること

上記(1)で述べた企業法務の企業活動の形態・領域の特性に由来

する特徴から、関連する資料が膨大なものとなる傾向がある。

　　しかし、中には、その原因が単に整理レベルの不十分さにあることもある。ここにおいても、企業の法務担当者の役割が重要となる。

iii　関連セクションが複数であること

　　企業活動に伴って法務処理が必要となった場合、その法務処理に関与する関連セクションは、複数にわたることが多い。たとえば、問題となっている事案がある事業部の所轄するものであった場合、その法務処理を検討する際には、直接その活動を担当する事業部と法務部門はもちろんのこと、その法務処理に伴って何らかの経済的負担が必要なときには経理部が、さらに、その処理に伴いインサイダー取引規制に基づく適時開示が必要なときには総務部が関与してくるというふうに、関連セクションが複数にわたることが多い。

　　この結果、法務処理をする際には、関連セクション間の調整が必要となり、しかも、決裁等の意思形成手続を経ることも必要となることから、処理を担当する弁護士としても、意見集約プロセスへの配慮が必要となる。

iv　打合わせに時間を要すること

　　上記iiiで述べたとおり、関与するセクションが複数となるだけではなく、同一セクションであっても、直接の担当者から上司、担当役員に至るまで複数の者が関与してくることから、法務処理のための打合せをする際には、多くの時間を要することになりやすい。

v　文書化を要求されること

　　上記(1)viiで述べたとおり企業法務の特徴として文書等による記録化の要請があることから、企業法務を担当する弁護士としては、一般のクライアントから依頼を受ける案件よりも文書化を要求される頻度が高い。質問に対する簡単な回答であっても、口頭で回答するだけでは足らず回答書の作成を要求されたり、単なる報告であっても、報告書の作成を要求されることが多い。

　　なお、企業の担当者が弁護士に相談に行って弁護士から受けた

回答として社内で報告した内容と、実際に弁護士が回答した内容が異なり、後になって問題となることもないわけではない。これは、報告した担当者が弁護士の回答を正確に理解していなかった場合がほとんどであるが、時には、担当者が自分の望む結論を得るために、弁護士が実際にした回答のニュアンスを大きく変えて報告し、弁護士をいわば道具として利用するというような場合もあることから、弁護士にとっても企業にとっても、弁護士自身が文書を作成するか、少なくとも企業の担当者の作成した文書をチェックする習慣をつけておく方が安全である。そして、弁護士が意見書等を作成する際には、その責任の限界を明らかにするためにも、その結論に至る判断の前提となった事実関係や資料を明記し、意見形成の前提条件を限定しておく必要がある。

vi 迅速性を要求されること

企業法務は、企業活動のスピード化と一体となり、ますます迅速な処理が要求されるようになっている。企業法務を担当する弁護士としては、個々人の事務処理能力を高めることも重要であるが、法律事務所単位で、この迅速性の要求にこたえる体制をとることが求められている。

vii 質の高さが競争的に要求されること

企業活動におけるリーガルリスクの増大に伴い、企業は、顧問弁護士事務所を複数抱え、法律問題について、セカンドオピニオン・サードオピニオン等の複数意見を徴求する傾向が強くなっている。この結果、企業法務を担当する弁護士は、自らの意見の質を、常時企業に競争的に評価される立場に立たされている。

5 企業法務の本質

ここまでにおいて、企業法務の本質を理解するために、前記2において企業法務の内容を鳥瞰し、前記3においてその機能を検討し、前記4において企業活動の形態・領域の特性に由来する特徴と弁護士にとっての事務的特徴の双方の視点から、その特徴を把握する作業をしてきた。そして、これらの作業によって、企業法務についてある程度

の理解を深めることができたと思う。

　しかし、他方において、企業法務といっても、それ自体が独立の法体系を有するものではなく、その本質は、企業法務の定義にあるとおり、企業がその活動を行うにあたって処理すべき公・私法のすべての分野にわたる法律事務の総称（静態的意味）ないし企業が行う法律事務処理の活動（動態的意味）を超えるものではないということも理解することができたと思う。

　従って、企業法務の本質は、広範囲にわたる企業活動に関連する法律事務ないしそのための処理活動の総称にすぎず、企業法務を十全に処理するためには、その機能・特徴を理解しながら、その内容を構成する個々の法律事務の処理を着実にこなしていくことが重要であるという結論になるのである。

6　今後の企業法務の方向

　以下においては、従前の日本における企業法務の傾向を見たうえで、企業法務の今後の方向について検討することとする。

(1)　従前の日本における企業法務の傾向

　従前の日本における企業法務の傾向については、以下のように考えられていた（柏木昇「企業法務における弁護士の役割」『自由と正義』1996年5月号，78頁）。

ア　企業法務一般の傾向

　次の各法務への偏りがあった。これら以外の領域は、法的処理ではなく、日本的な個別的人間関係による処理に委ねていた。

- ⅰ　司法機関・一部行政機関が関与する領域：法を使わざるをえない領域
- ⅱ　強行法の領域：法を使わざるをえない領域
- ⅲ　機械的画一的取引の領域：約款作成等の個別的人間関係による処理によることなく機械的画一的処理になじむ領域
- ⅳ　国際的取引の領域：日本的な個別的人間関係による処理ができない領域

イ　弁護士が関与してきた企業法務の傾向
　　ⅰ　紛争解決機能および一部紛争予防機能を有する次の各法務への偏り
　　　①　会社法務
　　　②　労働関係法務
　　　③　債権回収法務
　　　④　訴訟関係法務
　　　⑤　示談・もめ事処理的法務
　　　⑥　法律相談法務
　　ⅱ　従前の日本の企業の顧問弁護士の役割と要求される能力
　　　①　顧問先から依頼された裁判所等における事件の優先処理：高い法的事務処理能力
　　　②　企業内では処理できない複雑な法律問題の処理：高い法的事務処理能力
　　　③　紛争解決における後ろ盾：企業法に関する経験と大物弁護士としての評判・見識
　　　④　法的訓練と多数の紛争解決から得た判断力の利用：企業法に関する経験と大物弁護士としての評判・見識

(2)　今後の企業法務の方向
　ア　企業法務一般の方向
　　　しかし、コンプライアンスの重要性が認識され、事前規制型の社会から事後規制型の社会に変化しつつある現状においては、企業法務の重要性はますます高まり、その処理領域も従前の限定された範囲から、企業活動に関連する法律事務ないしそのための処理活動全般に広がりつつある。
　イ　弁護士が関与する企業法務の方向
　　ⅰ　基本的方向
　　　　このような状況の中、日本における弁護士が関与する企業法務の方向としては、すでに米国に見られる、以下のような弁護士の企業法務への関与の仕方が主流になってくるものと考えられる。

① 紛争解決機能・紛争予防機能・戦略的機能の全ての分野への弁護士の関与
② 弁護士の専門性の進化・深化（深い取引知識・経験・人脈）
③ 弁護士業務の共同作業性

ii 弁護士に要求される処理能力

その結果、企業法務に関与する弁護士は、次のような能力具備が要求されることになると考えられる。そして、これらの能力を十全に発揮するためには、弁護士が本来有する能力であるリーガルマインド（問題発見・分析・対策設定・説得・書面化能力）を、ますます深化・発展させる必要があると考える。

① 紛争解決機能・紛争予防機能（特にリーガルリスクマネージメント）・戦略的機能の全ての分野の処理能力の具備
② 専門化・総合化された事務処理能力（広くて深い法的知識と実務経験・迅速な法務処理を可能にする法律事務所体制・会計等の周辺領域および海外法務にも対応できる処理体制・迅速で広範囲な情報収集力等）の具備
③ 法的観点のみならず諸事情をも考慮した総合的観点からの意見具申能力・調整能力の具備（特に企業活動の社会的相当性への配慮）
④ 企業内外からの企業に対する不正・不当な攻撃からの防御能力の具備

iii 今後の日本における企業法務に関与する弁護士の事務所体制のあり方

上記 i の日本における弁護士が関与する企業法務の方向と上記 ii の弁護士に要求される処理能力を満たす、企業法務に関与する弁護士の事務所体制のあり方としては、次の3形態が考えられる。

① 一定の専門分野を強化する方向で、特許法専門とか独占禁止法専門といった特別専門化する形態
② 専門性と共同作業性を適宜補完する方向で、専門性を有する各分野の複数の事務所が依頼される事案に応じて、チームを組み共同して処理する形態

③　専門性と共同作業性を同時に満たす（ワン・ストップの処理）方向で、複数の分野の専門性と共同作業にふさわしい人数の弁護士を擁する総合事務所の形態

　現状の弁護士の人数と能力を考えると、いずれの形態も一長一短のところがある。しかし、前記4の企業法務の特徴に照らし、かつ、正しい判断をするためには当該企業の活動全般に対する鋭い洞察がますます必要となっている現状を考えると、専門性を満たすことを条件として、継続的に当該企業を見ることができる総合事務所が最も企業法務にふさわしい事務所形態であると考える。

7　企業法務に関与する弁護士についての若干のコメント

　最後に、企業法務に関与する弁護士についての若干のコメントを述べておく。

(1)　企業法務に関与する弁護士に要求されるもの

　前記1ないし6で述べたところから理解できるように、企業法務に関与する弁護士には、以下のようなことが要求されるものと考える。

ア　法的知識の深さと広さ

　現在のように法律自体が多様化しかつ複雑化し、さらに頻繁に改正が行なわれる時代においては、独りないし少人数の弁護士でこれを満たすことは不可能である。

イ　実務的処理経験・ノウハウ

　訴訟関係法務等の紛争解決機能を満たすためにも実務的処理経験・ノウハウは、必要であるが、これは基本的に法的分野における経験の積み重ねによって習得していくことが可能である。しかし、紛争予防機能・戦略的機能を満たすための実務的処理経験・ノウハウは、法的分野以外の分野の知識も兼ね備えたものでなければならない。そのために、クライアント企業の事業内容を把握しておく必要があることはいうまでもない。

ウ　実績

　企業から信頼を受けるためには、何よりも実績をあげることが重

要である。処理結果がよくなければ、その処理過程を評価してもらえないことも往々にしてあることである。結果が信用の基盤といっても過言ではない。

エ　迅速性

迅速性を確保するためには、同種事案に習熟していることや、緊急案件等について対応可能な弁護士・事務局を保有するという余裕も必要である。

オ　情報収集力

情報収集力は、最良・最速サービス提供への武器である。人脈の多い弁護士・多種多様なクライアント層を有する事務所が有利なポジションを得ることになる。

カ　語学力

国際案件だけではなく国内案件であっても、企業活動の国際化に伴って、案件の処理に外国語（少なくとも英語）が関係する頻度は圧倒的に増加しており、英語を使えない法務は、自動車運転免許のない日常生活と変わりないものとなっていくものと思われる。

キ　会計知識・税務知識

企業法務に会計知識・税務知識が必要であることはいうまでもなく、最低限の知識を習得しておく必要がある。

ク　階層的・複数対応

事務所の代表は企業の社長担当、シニアパートナーは役員担当、ジュニアパートナーは部長担当、アソシエイトは課長以下担当といったように、事務所の担当弁護士を企業の階層に対応させる方法、あるいは、経験を積んだ弁護士とそうでない弁護士を複数組み合わせて案件処理にあたらせる方法をとることにより、事務所とクライアント企業との人的関係を階層的に構築することが重要である。これにより、事務所とクライアント企業との関係をより継続的・安定的なものとすることができる。

ケ　企業内事情の把握能力

派閥関係、問題のある決裁権者の存在等の企業内事情をある程度把握しておくことも、不当な処理の回避や迅速処理のために有用で

コ　代替案提供能力

「その案には、以下のような問題点があります。」とか「A案・B案・C案があります。それぞれの案の長所・短所は……です。それを参考に選んでください。」だけで終わる回答では不十分である。単なる批評家に終わるのではなく、「この案件は、こう処理すべきです。」という代替案を積極的に提供できることが望ましい。

サ　法務部門を超えた総合的法務処理能力

契約書を起案する際に、訴訟になった場合を視野に入れて条項を起案するとか、理論上は発生する確率がないわけではないが、そのことを危惧して示談しないことは、かえってクライアント企業に不利益を被らせる結果になるというような場合に、理屈倒れではなく示談解決を積極的に勧めるとかの、企業の法務部門の担当者の能力を超えた総合的法務処理能力が要求される。

(2) 弁護士にとっての企業法務のメリット・デメリット

企業法務に携わる弁護士にとっての企業法務のメリット・デメリットとしては、次のようなものが考えられる。

ア　メリット

ⅰ　先端的法務を処理することによる能力開発・情報収集

企業の活動の高度性・先進性が先端的法務処理を弁護士に要求し、その結果、弁護士自身がその能力を開発し、情報を収集する機会に恵まれるというメリットがある。

ⅱ　先端的事件等の処理に関与することによる自己充足感

先端的事件等の処理に関与することによる自己充足感はある。しかし、それは処理の困難性・責任の重大性の反面でもある。

ⅲ　安定的収入の確保

企業法務は、高収入・高効率と考える向きもあるが、一般的には、決してそうではない。しかし、比較的継続的に案件の処理依頼があることから、収入の安定的確保には資するものと思われる。

イ　デメリット
　ⅰ　非効率・多忙
　　　ひとつの案件に多人数の担当者が関与することから、打合せ等に時間を要し、また、企業のペースにあわせて仕事の処理をしなくてはならないことから、勢い多忙となる。
　ⅱ　世間からの非難
　　　企業自体が世間から非難を受けるような事件を起こしたとき、企業を代理する弁護士も非難を受けることがある。しかし、弁護士自らは、日常から、いわば企業の内部において、不正・不当な行為をしないよう法的助言をすべきであり、これを実行している限り、動揺することなく、「悪徳弁護士」等の世間からの不当な非難を軽く受け流すべきである。

(3)　企業法務に関与する弁護士が注意すべきこと
ア　法的正義を逸脱しないこと
　　弁護士が本来有する能力であるリーガルマインド（問題発見・分析・対策設定・説得・書面化能力）をもって、企業が法的正義を逸脱しないよう指導する勇気と自信を持つべきである。
イ　処理事項につき詳細な記録を残し、処理事項の内容を明確にしておくこと
　　医師の作るカルテと同様に、自己防衛のためにも、処理事項につき詳細な記録を残し、処理事項の内容を明確にしておく必要がある。
ウ　重要事項については、文書化を怠らないこと
　　責任範囲の明確化のためであるが、意見の正確性・相当性をチェックするためにも、さらには、ノウハウ（自己の法的処理の成果物）の蓄積のためにも文書化を怠らないことが重要である。

《参考文献》
①　柏木昇「企業法務における弁護士の役割」『自由と正義』1996年5月号, 78頁
②　多田晶彦「学問としての企業法務」『NBL』536号, 1994年, 13頁

③　中村勝美「弁護士と会社法務部との役割分担」『NBL』604号，1996年，30頁
④　中内功「弁護士サービスへの期待」『自由と正義』1998年1月号，56頁
⑤　篠原俊次「企業法務と弁護士－日米比較の観点から」『自由と正義』1998年3月号，14頁
⑥　上谷佳宏「私の見た米国の法律事務所」『神戸弁護士会会報』No.191，1998年5月，15頁

ステップ 2

　　知的財産関係法全体を短期間に理解することが困難であることは当然であるが、ビジネス法務に携わるにあたって、その概略を理解しておくことは非常に重要である。当面の事案を処理する際に、個々の知的財産権の詳細を理解していくことが必要であることはいうまでもないが、それらの知的財産権が知的財産権全体の中でどのような位置づけにあるのかをまず認識しておくことが重要である。本設問は、そのような認識を持ってもらうために、知的財産権をさまざまな観点から分類する作業を通じて、個々の知的財産権の特徴を理解し、知的財産関係法全体の構造を把握してもらうことを目的としている。なお、「本書の使い方」の第1章に関連するところで述べたように、本書においては、第3章・第4章において知的財産関係法関連の設問があるので、これらの予備知識を得るためにも、本設問を設けている。

　　解答例として、後記「知的財産関係法分類表」を掲げておくので、参考とされたい。

《参考文献》
①　経営法友会法務ガイドブック等作成委員会編『経営法友会ビジネス選書5 知的財産法務ガイドブック』商事法務，2004年，3頁
②　松村信夫『実務法律学全集9 不正競争訴訟の上手な対処法【新訂版】』民事法研究会，1998年，23頁

知的財産関係法分類表

保護の形式	種類	法律名	保護対象
法律が独占・排他的な権利として保護する形式	特許権	特許法	自然法則を利用した技術的思想の創作のうち高度のもの（特許法2Ⅰ）
	実用新案権	実用新案法	自然法則を利用した技術的思想の創作（実用新案法2Ⅰ）
	意匠権	意匠法	物品の形状・模様・色彩・これらの結合であって，視覚を通じて美感を起こさせるもの（意匠法2Ⅰ）
	商標権	商標法	文字・図形・記号・立体的形状・色彩からなる商品・役務の標識（商標法2Ⅰ）
	著作権	著作権法	思想・感情の創作的な表現で，文芸・学術・美術・音楽の範囲に属するもの（著作権法2Ⅰ①）
	著作隣接権	著作権法	実演家・レコード製作者・放送事業者等の著作物の録音・録画・放送等の利用行為（著作権法89）
	種苗権	種苗法	区別性・均一性・安定性を備える農林水産植物の品種（種苗法3Ⅰ）
	回路配置利用権	半導体集積回路の回路配置に関する法律	創作性を有する半導体集積回路の回路配置（半導体集積回路の回路配置に関する法律2Ⅱ）
不正競争防止法で保護する形式	営業秘密	不正競争防止法	秘密管理性・有用性・非公知性を備える営業秘密
	ブランド	不正競争防止法	周知表示，著名表示，商品形態，ドメイン名，営業上の信用等
判例等で財産性を認めることによって保護する形式	パブリシティ権	民法	顧客吸引力を含む著名人の氏名・肖像その他の個人識別情報
	商品化権	民法	顧客吸引力を有するキャラクターの営業的な利用行為

保護期間	登録	知的創作物に関する権利	営業標式に関する権利	公正競争の確保のための措置
登録日から効力発生，出願日から20年で終了（特許法67Ⅰ）	効力要件	○		
登録日から効力発生，出願日から10年で終了（実用新案法15）	効力要件	○		
登録日から20年（意匠法21Ⅰ）	効力要件	○		
登録日から10年（更新可能）（商標法19Ⅰ・Ⅱ）	効力要件		○	
著作者の死後50年まで（著作権法51Ⅱ） 映画は公表後70年（同法54Ⅰ）	権利移転および質権設定の対抗要件	○		
権利発生事実の翌年から50年（著作権法101Ⅱ）		○		
登録から25年（種苗法19Ⅱ）	効力要件	○		
登録から10年（半導体集積回路の回路配置に関する法律10Ⅱ）	効力要件	○		
差止請求は3年の消滅時効・10年の除斥期間（不正競争防止法15），損害賠償請求は不法行為の消滅時効（民法724，なお，不正競争防止法4但書）	不要	○		○
商品形態は発売後3年以内（不正競争防止法19Ⅰ⑤イ）	不要		○	○
不法行為の消滅時効（民法724）	不要		○	
	不要		○	

第2章 契約法務

【「本書の使い方」（12頁）より】

　ビジネス法務の基本である契約書作成について、体験してみる。教材としての性格上、提供できる情報に限界があることから、題材とされた具体的ケースについて、正解としての契約書の起案を求めるのものではない。この過程において、契約書作成における基本姿勢や手順、そして、契約条項等の基本事項を学習するとともに、契約書作成の創造的意義を体験してもらうのが目的である。

　ステップ1では、設問に従って、具体的ケースを題材に、まず自ら契約書を起案してみることが望まれる。契約書式集を参考にしながら起案してもかまわない。その後、本文のステップ2に読み進み、自らした実際の起案の過程と比較してもらいたい。

　ステップ2・ステップ3では、設問者の指定する契約の基本構造を前提にして、改めて具体的な契約書の起案をする。進め方としては、まず、ステップ2において、必要と思われる契約条項の要旨を総覧したうえ、次に、ステップ3において、契約書全体を起案するという方法をとる。

> ステップ **1**

1 契約書作成の目的

　　契約書作成の直接の目的は、契約当事者間の自由な合意の内容（ただし、法律に適合する内容であることが必要である）を、文書によって確定させることにある。

2 契約書が持つべき本来の機能

(1) 紛争予防・紛争解決機能

　　契約書は、本来、その作成により、契約当事者の権利・義務の内容が明確なものとなることが期待されている。そのような契約書の記載に従って、契約の履行・終了は円滑に進められ、その結果、紛争が予防されることになり、万が一紛争が生じても契約書の記載が紛争解決の基準となるからである。

(2) 戦略的機能

　　また、契約書には、その記載内容によっては、契約の一方当事者にとって、有利なポジションを得たり、不利な事態を回避したり、紛争になった場合に有利に解決を図ったりするという戦略的機能もある。

3 契約書作成に当たって注意すべき事項

　　契約書作成に当たっては、実務的には、特に、次の各事項に注意する必要がある。

(1) 契約の締結自体に法律上の規制がある場合に、これを遵守すること

　　例えば、国土利用計画法第14条第1項や農地法第3条第1項のように、契約の締結自体に監督官庁の許可を条件とし、これらに違反して締結した契約の効力を無効とし（国土利用計画法第14条第3項、農地法第3条第4項)、これらの違反には刑罰を規定する（国土利用計画法第46条、

農地法第 92 条第 1 号）ものがあるので注意する必要がある。

(2) 契約の内容が法律に違反しないこと

契約当事者は、契約自由の原則により、その内容を自由に定めることができるのが原則であるが、契約内容が法律に違反している場合には、その効力が無効になったり、刑罰の対象になったりする場合があるので、注意する必要がある。

一般論としては、契約内容が公序良俗（民法第 90 条）や各種強行法規に違反しないことは当然であるが、最近の実務としては、特に、不正競争防止法、独占禁止法、消費者関連法および各種業法違反になるような条項がないかどうかを検討することが重要である。

(3) 合意の内容が明確であること

前記 2(1)の契約書の本来の機能である紛争予防・紛争解決機能が全うされる前提として、合意の内容が明確である必要がある。事案によっては、契約書で使用する用語の意味を明確にするための定義規定を設ける等の工夫も必要となる。

(4) 合意の内容が起こりうる事態を想定したものであること

契約書が、前記 2(1)の契約書の本来の機能である紛争の予防や紛争解決の基準となるためには、契約当事者間で起こりうる事態をできるだけ多く想定して、これに対応する条項を盛り込んでおくことが必要となる。しかし、実務的には、起こりうる可能性のある事項をすべて記載することは必要ではなく、ある程度の発生の蓋然性がある事項と戦略的観点から万が一発生した場合に備えて手当てしておくべき事項について規定しておくことが必要最小限要求されるものと考える。

(5) 契約書の作成が権限ある者によって有効になされていること

契約が有効となるためには、契約書の作成が権限ある者によって有効になされていることが必要である。そのためには、契約を締結する行為能力のある者あるいは代表権ないし代理権のある者が、契約書上

正しく表示され、署名または記名・捺印をする必要がある。

4　契約書作成における基本姿勢

　　実際に契約書を作成する際には、前記3の各事項すべてに注意する必要があることはもちろんであるが、実務的に最も重要かつ難しい点は、前記3(4)「合意の内容が起こりうる事態を想定したものであること」にある。

　　契約書作成の本質は、市販の書式集に手を加えるような単純な事務作業ではない。これらの書式集は、あくまで、典型契約や定型化された契約についての一般例を提示しているか、定型化されていない特殊な非典型契約については参考例を提示しているに過ぎない。典型契約や定型化された契約については、若干の修正を加えるだけで使用することができるものがあるが、個別の事案には微妙な違いがあることから、これらの書式は、あくまで参考として用いるだけにとどめるべきものである。

　　このように契約書作成は、決して、単純な事務作業ではなく、起こりうるあらゆる事態を想定し、それに最小限必要な手当てを考えるという創造的作業であるという認識を持つことが最も重要なことである。

5　契約書作成の手順

　　では、次に、具体的に契約書を作成するとした場合の手順を考えてみることにする。契約書を作成するに当たって、直ちに個々の契約条項の検討を始めるという方法は、適切ではない。大まかに言うと、以下に述べるような手順を踏むのが相当である。ただし、事案によっては、下記(2)の契約の基本構造自体については、契約当事者間において、既に決定されており検討の必要がない場合もある。

(1)　依頼者の意図と事案の背景の理解

　　契約書を起案するためには、まず、依頼者の意図するところを正確に理解する必要がある。しかし、依頼者の意図するところを正確に理解するためには、依頼者の希望するところを聞くだけではなく、同時に、

事案の背景を理解しておくことが必要である。

　事案の背景を十分に確かめることをせず、依頼者の希望のみを聞いて起案することは、厳に避けるべきである。事案の背景を正確に認識しないまま契約書を起案することは、依頼者の真に意図するところを誤って理解してしまう危険性があるだけではなく、契約書に織り込むべき条項の想定が不十分なものに終わる危険性があるからである。

(2) **事案の整理・分析と契約の基本構造の決定**
　次に、依頼者が真に意図することを実現するために関係すると思われる事項を、個々の事案に応じた観点から整理・分析したうえ、依頼者が真に意図することを実現するのに適当と考えられる契約の基本構造を決定する。

　この契約の基本構造の決定とは、売買等の典型契約であるか、そうでない非典型契約であるかにかかわらず、契約書式集等に分類されている契約の類型の決定と考えてもらってよい。この基本構造の決定により、典型契約であれば、民法上要求される要件を満たす条項を入れ込む必要がでてくることになるし、既にある程度定型化された契約類型であれば、契約書式集等を参考にして記載すべき条項の見込をつけることができる。

(3) **契約条項の検討**
　そして、最後に、決定した契約の基本構造にそって必要な具体的条項を検討していく。その際、契約当事者間において合意可能な範囲内で、依頼者にとってできるだけ有利な規定を織り込むとともに不利な規定を回避し、さらに、将来起こりうるあらゆる事態（特に不利な事態の展開）を想定して、これに対応しうる必要最小限の規定を盛り込み、さらに、裁判管轄や立証責任等の訴訟になった場合をも考慮した規定を含む起案をする姿勢が重要となる。

6　設問の検討

　では、以上を前提にして、本設問を検討していくこととする。

(1) **事案の背景**

　手順としては、前記のとおり、まず事案の背景を理解する必要があるのであるが、本設問においては、既に、事案の背景は設問のなかで事実関係という形で整理されている。実際の実務においては、まず、これらの事項を依頼者あるいは関係者から聞き取り整理する必要があり、この作業自体が結構大変なのであるが、教材という性格上、ここでは、この作業は省略することとする。

(2) **依頼者の意図するところ**

　事案の背景を理解すると同時に、依頼者の意図するところを理解する必要がある。

　本設問において、依頼者であるＵバレーの意図するところは、西宮繊維と東町商店との間の取引に基づき神戸スーパーにおいて展開されるダイヤエヌ製品の各種運動用靴の販売に何とか関与したいということである（事実関係2(2)）。

　そして、関与したいという理由は、単に、新たな取引機会を得たいという単純なものではない。「Ｕバレーとしては、西宮繊維に東町商店を紹介したものの、東町商店が西宮繊維と提携して、ダイヤエヌ製品の各種運動用靴の製造販売を始めると、東町商店は神戸スーパーとの取引実績も有していることから、今後、西宮繊維が展開するダイヤエヌ製品の販売に関与する機会を東町商店に奪われ、寝具のダイヤエヌ製品についての商権も失いかねないことを危惧している。しかも、現在のＵバレーの売上の多くの部分は、寝具のダイヤエヌ製品を神戸スーパーへの卸販売に依拠していることから、この商権を失わないためにも、各種運動用靴の卸販売実績はないが、何とかして、東町商店と西宮繊維との間の取引に関与したいと考えている。」（事実関係2(2)）という企業の存続にもかかわる切実な理由がある。

(3) **事案の整理・分析**

　次に、依頼者の意図することを実現するために関係すると思われる

事項を、個々の事案に応じた観点から整理・分析検討することになる。

本設問の事案において、どのような観点から整理・分析するのが適当であるかを考えるにつき、最初に留意しなければならないところは、Uバレーは、西宮繊維との間で契約関係に入ることは望めないこと（事実関係2(1)）から、東町商店との間で何らかの契約をするしかないという限定された状況にあることである。すなわち、そもそも、Uバレーが西宮繊維と東町商店との間の取引に関わっていく余地はあるのか、あるとして、それはどういうところかということである。

そこで、本設問においては、この点を念頭に置きながら、Uバレーが西宮繊維と東町商店との間の取引に関わっていくとした場合に、Uバレーにとって有利と思われる事項と不利と思われる事項とに分けて、事案を整理・分析してみることとする。

ア　Uバレーにとって有利と思われる事項

　i　西宮繊維の意向

　　「Uバレーは、ダイヤエヌ製品を消費者に浸透させブランドを定着させた功労者でもあり、東町商店を探してきてくれた経緯もあることから、西宮繊維は、東町商店による神戸スーパーへの各種運動用靴の製造販売について、Uバレーが何らかの関与をすること自体には反対しない模様である。」（事実関係2(1)）。

　ii　東町商店の意向

　　東町商店は、「現時点においては、ダイヤエヌ商品の特性や消費者への販売活動についてのノウハウには疎いところがあり、Uバレーの協力を望んでいる。」（事実関係2(3)）。

　iii　西宮繊維との間の信頼関係

　　「Uバレーは、寝具を中心とするダイヤエヌ製品を大量に神戸スーパーに卸販売し、ダイヤエヌ製品の消費者への浸透とブランド定着化を達成した販売活動実績を有する。Uバレーは、この販売活動の過程において、ダイヤエヌ製品の販売活動に関するノウハウを蓄積し、西宮繊維との間で信頼関係を確立」している（事実関係1(2)）。

　iv　神戸スーパーとの間の信頼関係

「Uバレーは、神戸スーパーにおけるダイヤエヌ製品を含む寝具等の販売活動に関するノウハウを蓄積し、神戸スーパーとの間で信頼関係を確立している。」（事実関係1(2)）。

v 西宮繊維との関係における東町商店の立場

「西宮繊維は、将来的には、東町商店以外の各種運動用靴の製造販売業者にも本件特許と本件商標の使用許諾をし、神戸スーパー以外の販路も開拓したいと考えており、今回の東町商店との取引は、ダイヤエヌ製品の各種運動用靴の製造販売の開始試験的なものと位置づけており、東町商店に製造させる各種運動用靴の納品は神戸スーパーの日本国内の店舗に対するもののみを視野に入れている。」（事実関係2(1)）。

イ Uバレーにとって不利と思われる事項

i Uバレーの不安定な地位

「Uバレーは、西宮繊維から、本件特許および本件商標の使用許諾を受けていないし、将来的にも、これらの許諾を得られる可能性は少ない。また、Uバレーは、西宮繊維との間で、ダイヤエヌ製品の専属販売代理店契約を締結していないし、将来的にも、同契約を締結してもらえる可能性は少ない。」（事実関係1(2)）。

ii 東町商店の神戸スーパーとの間の信頼関係および意図

「東町商店は、全国における各種運動用靴の製造販売実績を有し、神戸スーパーとの間でも各種運動用靴の取引実績を有し、神戸スーパーにおける各種運動用靴の販売活動に関するノウハウを蓄積し、神戸スーパーとの間で信頼関係を確立している。」（事実関係1(3)）。また、「東町商店としては、将来的には、各種運動用靴以外のダイヤエヌ製品の製造販売も手懸けたいと考えている。」（事実関係2(3)）。

(4) 契約の基本構造の決定

次に、上記(3)の事案の整理・分析の結果に基づき、上記(3)アのUバレーにとって有利と思われる事情と上記(3)イのUバレーにとって不利と思われる事情に配慮しながら、上記(2)のUバレーの意図することを実現

する契約の基本構造をどのようなものとするかを検討する。

ア　ここでまず言えることは、Uバレーが何らかの形で東町商店による神戸スーパーへの各種運動用靴の製造販売について協力するという形で関与することはできそうである（上記(3)ア ⅰ ⅱ）ということである。しかし、他方で、Uバレーは、ダイヤエヌ製品に関し西宮繊維から何らの権利設定も受けていないこと（上記(3)イ ⅰ）から、東町商店に対して、西宮繊維から設定を受けた権利を再許諾するというような強力な形で関与することはできないことに留意しなければならない。

イ　では、Uバレーが東町商店に協力できる材料は何か。

　それは、「ダイヤエヌ製品の販売活動に関するノウハウと西宮繊維との間の信頼関係」（上記(3)ア ⅲ）と「神戸スーパーにおけるダイヤエヌ製品を含む寝具等の販売活動に関するノウハウと神戸スーパーとの間の信頼関係」だけである。

　従って、本設問の事案における契約の基本構造としては、Uバレーが東町商店に、「ダイヤエヌ製品の販売活動に関するノウハウと西宮繊維との間の信頼関係」と「神戸スーパーにおけるダイヤエヌ製品を含む寝具等の販売活動に関するノウハウと神戸スーパーとの間の信頼関係」に由来する何らかの役務を提供することを骨子とすることが考えられる。

ウ　しかし、Uバレーの東町商店に対する何らかの役務提供だけで、上記(2)のUバレーの意図することを実現することはできるであろうか。すなわち、「西宮繊維が展開するダイヤエヌ製品の販売に関与する機会を東町商店に奪われ、寝具のダイヤエヌ製品についての商権も失いかねない」事態を回避することができるであろうか。

　役務提供のいわば見返りとして、東町商店にUバレーの商権を侵害させない約束を取り付けるのが手っ取り早い方法かもしれない。しかし、このような基本構造の契約案を提示してしまうと、Uバレーの意図が丸見えとなり、東町商店が強気に出て、Uバレーの関与を拒否してくるかもしれない。

エ　では、何とかUバレーが東町商店の今後の活動に深く関与できる

ようにして、契約内容の中に、東町商店がＵバレーの商権を侵害することを困難にする仕組みを入れ込んでおくということはできないであろうか。

　ここで利用できそうなのは、現時点において、東町商店は、西宮繊維が東町商店を絶対的に必要とする圧倒的に有利な地位にいるわけではなく（上記(3)アⅴ）、これから、ダイヤエヌ製品の販売活動に関するノウハウを蓄積し、西宮繊維との間で信頼関係を確立しているＵバレーと協力して、ダイヤエヌ製品の各種運動用靴の販売を展開しようとしている（上記(3)アⅱ）という力関係である。

　そこで、東町商店のＵバレーに対する協力への期待を利用し、契約の基本構造をＵバレーと東町商店との間における何らかの相互協力のための契約と構成し、その中に東町商店がＵバレーの商権を侵害することを困難にする仕組みを入れ込んでおくということが考えられる。

オ　では、何に関する相互協力関係と構成するのが適当であるか。

　ここでは、各種運動用靴のダイヤエヌ製品の神戸スーパーへの販売協力と構成するのが素直であると考えられる。従って、契約の基本構造は、販売提携契約とすることが考えられる。

カ　実際の実務においては、微妙な事実関係の相違、東町商店の契約等に関する理解力、関係者の力関係等により、契約の基本構造として何が適切であるかは異なってくることから、正解はない。上記オの結論は、選択しうる結論のうちのひとつにすぎない。限られた情報の中ではあるが、上記のような過程を経て、契約の基本構造を選択していくということを体験してもらえればよい。

(5)　**契約条項の検討**

　そして、最後は、上記(4)により決定した契約の基本構造にそって必要な具体的条項を検討していくことになるが、この点については、ステップ２において、検討していくこととする。なお、その際、契約の基本構造を、上記(4)オで述べた販売提携契約として検討することにする。

> ステップ 2

1 契約条項の検討に当たって重要な事項

では、次に、契約の基本構造を販売提携契約と決定したうえで、具体的契約条項を検討していくことにする。その際、重要なことは、ステップ1の5(3)で述べたとおり、契約当事者間において合意可能な範囲内で、依頼者にとってできるだけ有利な規定を織り込むとともに不利な規定を回避し、さらに、将来起こりうるあらゆる事態（特に不利な事態の展開）を想定して、これに対応しうる必要最小限の規定を盛り込み、さらに、裁判管轄や立証責任等の訴訟になった場合をも考慮した規定を含めることである。

2 設問の事案における具体的契約条項の検討

では、設問の事案について契約書を起案するとして、どのような具体的契約条項が必要であろうか。一応考えられるのは、次のようなものである。

(1) **契約の本質を規定する条項**

これは、契約の基本構造である販売提携契約であることを合意する条項である。

ところで、契約の基本構造を販売提携契約とした理由は、ステップ1の6(4)エで述べたとおり、契約内容の中に、Uバレーが東町商店の今後の活動に深く関与できるようにして、東町商店がUバレーの商権を侵害することを困難にする仕組みを入れ込んでおくことにある。従って、この条項の中に、「Uバレーと東町商店のダイヤエヌ製品の各種運動用靴の販売提携は、両者にとって有益であり、だからこそお互いが協力するのであり、また、それぞれが一定の負担をする必要がある。」ことになるというような、東町商店がUバレーの商権を侵害することを困難にする仕組みとなる個々の条項の合理的根拠となるべきものを含ませておくことが有用である。

(2) 販売提携の内容を規定する条項

これは、契約当事者がそれぞれ提供する役務の内容を明らかにする条項である。Ｕバレーが提供する役務の内容だけではなく、販売提携であることから、東町商店が提供する役務の内容も定めておくべきである。

(3) 東町商店がＵバレーの商権を侵害することを困難にする仕組みとなる条項

この点が、Ｕバレーにとっての隠れた主眼である。販売提携に伴う一般的な契約条項という形式を取りつつ、実質的には東町商店の行動を規制する機能をもつ条項を工夫することが重要である。

具体的には、次のようなものが考えられる。

ア　定期的協議をする規定によって、東町商店の活動状況についての情報を得るとともにコントロールする。

イ　東町商店に一定の不作為義務を課する規定によって、Ｕバレーの商権を侵害させないようにする。

ウ　東町商店に帳簿作成義務を課し、Ｕバレーがそれを検査できる規定によって、東町商店の活動状況についての情報を得る。

(4) その他販売提携契約一般に見られる条項

上記(1)〜(3)の他にも、次のような事項に関する規定が考えられる。

ア　取扱商品
イ　販売先
ウ　品質保持義務
エ　対価
オ　秘密保持義務
カ　契約の有効期間
キ　契約終了事由
ク　契約上の地位の譲渡禁止
ケ　裁判管轄
コ　契約の修正

サ　意思表示・通知の方法
シ　規定外事項

(5)　**契約条項の配列順序**
　　規定すべき契約条項の項目が決まれば、次にそれらをどのような配列とするかを考える必要がある。何らの基準もなく単に羅列したような配列では、使いにくいだけではなく、誤解を生じさせるおそれがある。ステップ1の2で述べたように、契約書は、その記載に従って、契約の履行・終了が円滑に進められ、その結果、紛争が予防され、万が一紛争が生じても契約書の記載が紛争解決の基準となることが期待されており、条項の配列についても、この観点からの検討が必要なのである。
　　では、どういう配列にすればよいのか。これについては、決まった規則はなく、一般的には、契約の本旨、契約当事者の権利・義務、契約の有効期間、契約の終了、紛争の解決方法といった順序とすることが多い。要は、契約の履行・終了等の各場面が時系列に沿って理解できるものとか、契約の本旨が契約当事者の権利・義務に繋がるようなストーリー性のあるものとか、事案に応じて、使いやすくかつ理解しやすい配列になるよう工夫することが必要である。

(6)　**本設問の事案についての契約条項のタイトルとその配列案**
　　以上の検討を前提に、本設問の事案についての契約条項のタイトルとその配列案として考えたものが下記の【販売提携契約条項配列表】である。なお、これは単なる一例に過ぎないことは当然である。

記

【販売提携契約条項配列表】
契約書名　販売提携契約書
前文
第 1 条　契約の本旨の確認
第 2 条　商品の範囲
第 3 条　神戸スーパーの店舗の具体的範囲

第 4 条　Ｕバレーが分担する役割
第 5 条　東町商店が分担する役割
第 6 条　定期的協議
第 7 条　東町商店の品質保持義務等
第 8 条　販売提携に伴う不作為義務
第 9 条　対価
第 10 条　帳簿および検査
第 11 条　秘密保持
第 12 条　契約の有効期間
第 13 条　期間満了以外の契約終了事由
第 14 条　契約上の地位等の譲渡禁止
第 15 条　裁判管轄
第 16 条　契約の修正等
第 17 条　意思表示・通知の方法
第 18 条　規定外の事項
末文
契約書作成日
契約書作成者署名（記名）・捺印

ステップ 3

　前記ステップ２の２(6)の【販売提携契約条項配列表】に従って起案した契約書の例を下記に示す。

販売提携契約書[1]

株式会社Ｕバレー（以下「Ｕバレー」という）と株式会社東町商店（以下「東町商店」という）とは、株式会社西宮繊維（以下「西宮繊維」という）が所有する特許（特許第7654321号、以下「本件特許」という）を実施して製造し西宮繊維が所有する別紙商標（商標登録第1234567号、以下「本件商標」という）を付した無臭生

1)　契約書名は、その契約の基本構造（契約の類型）が理解できるものとするのが望ましい。本設問においては、ステップ1の本文6(4)オで述べたとおり、販売提携契約とした。

地使用各種運動用靴（以下「本件商品」という）の神戸スーパーグループ企業（以下総称して「神戸スーパー」という）への販売提携（以下「本件販売提携」という）に関して、以下のとおり契約（以下「本契約」という）を締結する。[2]

　　（契約の本旨の確認）[3]
第１条　Ｕバレーと東町商店とは、次の(1)および(2)に記載されたそれぞれの実績等に照らし、それらを相互に尊重したうえ、それぞれが役割を分担し相協力して本件商品を販売することが、本件商品の販売促進に資し、かつ、両者間の競合によるリスク負担を回避することを可能とし、両者にとって有益であるとの共通認識を持ち、その結果、本契約に定めるところに従い本件商品の販売提携をなすに至ったものであることを相互に確認する。
(1)　Ｕバレーの実績等
　①　本件特許を実施して本件商標を付した商品（以下総称して「ダイヤエヌ製品」という）の消費者への浸透とブランド定着化を達成した販売活動実績、ダイヤエヌ製品の販売活動に関するノウハウの蓄積、これらに基づき獲得した西宮繊維との間の信頼関係。
　②　ダイヤエヌ製品を含む寝具等の神戸スーパーとの間の取引実績、神戸スーパーにおけるダイヤエヌ製品を含む寝具等の販売活動に関するノウハウの蓄積、これらに基づく神戸スーパーとの間の信頼関係。
(2)　東町商店の実績等
　①　全国における各種運動用靴の製造販売実績。
　②　各種運動用靴の神戸スーパーとの間の取引実績、神戸スーパーにおける各種運動用靴の販売活動に関するノウハウの蓄積、これらに基づく神戸スーパーとの間の信頼関係。

2) 前文においては、誰と誰の間で契約が締結されるのか、すなわち契約当事者を明記するとともに、契約の基本構造（契約の類型）ないし合意の要点を要領よくまとめるのが望ましい。契約当事者の表示は、実際には、代表者や代理人が契約書に署名（記名）・捺印をする場合であっても、権利義務の帰属主体を表示すべきである。

　本設問においては、Ｕバレーも東町商店も法人であることから、実際には、代表者が契約書に署名（記名）・捺印をすることになるが、この契約に基づく権利義務の帰属主体はあくまでＵバレーと東町商店であることから、契約当事者としては、Ｕバレーと東町商店を表示することになる。また、契約の基本構造（契約の類型）ないし合意の要点として、その記載内容をどの程度にするか悩むところではあるが、前文を読んで販売提携の概略が理解できる程度には記載すべきものと考える。

3) ステップ２の２(1)で述べたとおり、本条は、本契約の本質を規定する条項である。

　従って、第一義的には、本契約の基本構造である販売提携契約であることを合意する条項である。しかし、Ｕバレーにとっては、Ｕバレーが東町商店の今後の活動に深く関与できるようにして、東町商店がＵバレーの商権を侵害することを困難にする仕組みを入れ込むための合理的根拠となるべき条項でもある。具体的には、ステップ２の２(1)で述べたとおり、「Ｕバレーと東町商店のダイヤエヌ製品の各種運動用靴の販売提携は、両者にとって有益であり、だからこそお互いが協力するのであり、また、それぞれが一定の負担をする必要がある。」ということを是認する合理的根拠を与えるべきものを記載しておくことが有用である。

　ここでは、販売提携に資するであろうＵバレーと東町商店のそれぞれの実績等を確認し合うとともに、それらを相互に尊重したうえ、それぞれの役割を分担し協力し合うのが双方にとって有益であり、その結果、双方が必要な範囲において、相互に制約を受けるのもやむを得ないという論理構成をとる方法により、Ｕバレーが東町商店の今後の活動にある程度の規制を加える可能性を確保することにした。

（商品の範囲）[4]

第2条　本件商品に含まれるアイテムは、東町商店が西宮繊維から本件特許と本件商標の使用許諾を受けて製造販売する各種運動用靴全部とする。

（神戸スーパーの店舗の具体的範囲）[5]

第3条　東町商店が販売する神戸スーパーの店舗の具体的範囲は、日本国内におけるすべての店舗とする。

（Uバレーが分担する役割）[6]

第4条　本件販売提携においてUバレーが分担する役割は、次のとおりとする。

(1) 本件商品の開発・製造に際しての、東町商店および西宮繊維に対する、ダイヤエヌ製品の販売活動に関し蓄積したノウハウの提供およびアドバイスならびに援助。

(2) 本件商品の神戸スーパーにおける販売活動に際しての、東町商店に対する、神戸スーパーにおけるダイヤエヌ製品を含む寝具等の販売活動に関し蓄積したノウハウの提供およびアドバイスならびに援助。

(3) 東町商店に対する、本件商品に関する東町商店と西宮繊維および神戸スーパーとの間の契約の締結および履行に関するアドバイスならびに援助。

（東町商店が分担する役割）[7]

第5条　本件販売提携において東町商店が分担する役割は、次のとおりとする。

(1) 東町商店の名義および計算において、西宮繊維との間で本件商品の製造販売（本件特許・本件商標の使用許諾を含む）に関

4) 販売提携契約であることから、当然、販売提携の対象となる商品の特定が必要となる。

5) 販売提携による販売先が神戸スーパーであることは、前文に記載しているが、西宮繊維が視野に入れている東町商店が製造する各種運動用靴の納品先は神戸スーパーの日本国内の店舗のみであることから（事実関係2(1)）、さらに、販売提携による販売先である神戸スーパーの店舗の具体的範囲を特定しておく必要がある。

6) ステップ2の2(2)で述べたとおり、本契約は、Uバレーと東町商店がそれぞれ役割を分担し相協力して本件商品の販売を促進するという販売提携であることから、当然に、それぞれが分担する役割を規定しておく必要がある。
　Uバレーが分担する役割は、まずは、第9条の東町商店がUバレーに支払う対価の根拠となるべきものである。しかし、さらに重要なことは、ステップ2の2(3)で述べたとおり、Uバレーが東町商店の今後の活動にある程度の規制を加える可能性を確保するための工夫のひとつである、東町商店の活動状況についての情報を得るとともにコントロールする機能を持つ第6条の定期的協議を正当化する根拠ともなるべきものである。

7) 前条の説明で述べたとおり、販売提携の形をとることから、東町商店が分担する役割も規定しておく必要がある。
　しかし、実際は、東町商店が分担する役割といっても、本来、東町商店自身がするほかない事項を規定するだけである。

　　　　する契約を締結し履行すること。
　(2)　東町商店の名義および計算において、神戸スーパーとの間で本件商品の販売に関する契約を締結し履行すること。

　（定期的協議）[8]
第6条　Uバレーと東町商店は、前2条に定める相互の役割を機能的に果たし、本件販売提携の効果を高めるため、別途定めるところに従い、次の各事項につき定期的に協議をするものとする。
　(1)　素材・形状・色彩・織ネーム・本件商標の表示等の本件商品の製造に係る主要事項。
　(2)　価格・数量・吊札等の本件商品の販売に係る主要事項。
　(3)　本件商品の広告・宣伝・販促に係る主要事項。

　（東町商店の品質保持義務等）[9]
第7条　東町商店は、本件商品の製造販売にあたっては、次の各事項を遵守し、市場の需要を満たす高品質の品質基準に適合させるものとする。
　(1)　西宮繊維との間の契約で定められた事項。
　(2)　前条の協議により定められた事項。
2　本件商品の製造物責任は、すべて東町商店が負担し、東町商店は、Uバレーに一切の迷惑をかけないものとする。
3　東町商店は、万一の事故発生に備え、本件商品の欠陥により生じる人的および物的損害を填補するため製造物責任保険等適切な保険に加入するものとする。

　（販売提携に伴う不作為義務）[10]
第8条　本件販売提携に伴い、Uバレーおよび東町商店は、本件契約期間中、次の不作為義務をそれぞれ負担する。

8) ステップ 2 の 2(3)アで述べたとおり、東町商店が U バレーの商権を侵害することを困難にする仕組みとなる条項のひとつである。
　この U バレーにとっての隠れた主眼が表に出ないように、販売提携に伴う一般的な契約条項という形式を取りつつ、実質的には東町商店の行動を規制する機能をもつ条項を工夫することが重要である。「前 2 条に定める相互の役割を機能的に果たし、本件販売提携の効果を高めるため、」という定期的協議を正当化する記載が重要である。

9) 第 1 項は、高品質の商品を製造販売することを東町商店に義務付けるための規定であるが、(2)は、第 6 条の定期的協議の必要性を根拠付ける規定でもある。
　第 2 項・第 3 項は、製造物責任をすべて東町商店に負担させ、U バレーの負担を回避するための規定である。

10) ステップ 2 の 2(3)イで述べたとおり、東町商店が U バレーの商権を侵害することを困難にする仕組みとなる条項のひとつである。
　形式上は、U バレーと東町商店のそれぞれが同等の不作為義務を負担しているように見えるが、(2)②・③の東町商店の不作為義務が、東町商店が U バレーの商権を侵害することを困難にする重要な機能を有することになっていることに注目すべきである。

(1)　Uバレーの負担する不作為義務
　　①　自らまたは第三者をして、神戸スーパーに対し、本件商品と同一または同種の商品を販売してはならない。
　　②　本件商品と同一または同種の商品について、東町商店以外の者との間において、本件販売提携と同様の契約を締結してはならない。
　(2)　東町商店の負担する不作為義務
　　①　自らまたは第三者をして、本件商品を神戸スーパー以外の者に販売してはならない。
　　②　自らまたは第三者をして、本件商品以外のダイヤエヌ製品を製造および販売してはならない。
　　③　本件商品と同一または同種の商品について、Uバレー以外の者との間において、本件販売提携と同様の契約を締結してはならない。

　（対価）[11]
第9条　東町商店は、本件販売提携の対価（以下「本件対価」という）として、Uバレーに対し、本件商品の神戸スーパーへの納入価格の5％に相当する金額を支払うものとする。
2　本件対価は、1か月毎に計算されるものとし、東町商店は、毎月1日から末日までの期間における、納入先の神戸スーパーの店舗ごとに本件商品の各アイテムの納入価格・納入数量・合計額を記した計算書を、翌月10日までにUバレーに送付するものとする。
3　東町商店は、前項の計算書に記載された本件対価の金額に消費税を付加した金額を、毎月10日限り、下記の銀行口座へ電信振込送金する方法により、Uバレーに支払う。なお、この振込送金手数料は、東町商店の負担とする。
　（銀行口座）ABC銀行D支店

11) 本件販売提携においては、東町商店の収入は、本件商品の製造販売によって確保され、Uバレーの収入は、本件販売提携による役務の提供により東町商店から対価を得ることにより確保されるという構成にした。なお、対価の額については、定額ではなく、本件商品の神戸スーパーへの納品量に応じて計算されるという形を取った。

株式会社Uバレー名義

普通預金　口座番号1234567

4　前項により支払われた本件対価および消費税は、いかなる事情があっても返還されないものとする。

5　本契約が終了した場合または東町商店につき第13条第2項の事態が生じた場合、東町商店は、すでに神戸スーパーに納入した本件商品につき、直ちに本条第2項および第3項に定める処理をするものとする。

（帳簿および検査）[12]

第10条　東町商店は、本件商品に関するすべての業務を対象とする真正かつ完全な会計帳簿および記録を保持するものとする。

2　東町商店は、Uバレーが要求した場合、本件商品に関する全ての製造・流通・販売に関する報告書を、Uバレーに提出しなければならない。

3　東町商店は、Uバレーが要求した場合、営業時間中の適切な時にUバレーまたはUバレーにより指名された会計士事務所が当該記録および会計帳簿を検査することを認めるとともに、必要な便宜を全て与えるものとする。

（秘密保持）[13]

第11条　Uバレーおよび東町商店は、本契約の内容および本契約の履行過程において相手方より得られる情報につき、厳格に秘密を保持し、第三者に漏洩してはならない。なお、この義務は、本契約終了後も存続するものとする。

（契約の有効期間）[14]

第12条　本契約の有効期間は、平成18年1月1日から平成20年

12) 本条は、前条の対価の計算の正確性を担保するためのものであるが、ステップ 2 の 2 (3)で述べたとおり、Ｕバレーが東町商店の今後の活動にある程度の規制を加える可能性を確保するための工夫のひとつでもある。この規定により、Ｕバレーは、東町商店の活動状況についての情報を得ることができることになる。

13) 本件販売提携によるＵバレーの役割は、ノウハウ等の提供が中心であり、東町商店がこれらを第三者に漏洩することのないようにすることが重要である。もちろん、東町商店にとっても、同様のことが言えることから、双方が秘密保持義務を負担する形をとった。なお、秘密保持義務については、契約終了後もその効力を維持させることが必要である。

14) 契約の有効期間をどの程度に設定するかは、本契約による利益の確保をどの程度の期間維持したいか、第 8 条の不作為義務の負担をどの程度の期間甘受できるか、といったことを総合的に判断して決定するほかない。なお、契約当事者双方から異議のない限り自動更新するという形にしておくのが便利である。更新後の契約期間を規定していない場合には、期間の定めのない契約と解釈される可能性があり、契約関係が不安定になることから、更新後の契約期間についても明記しておく方がよい。

12月31日までとする。ただし、期間満了の30日前までに、Uバレーまたは東町商店の一方から相手方に対して書面による別段の表示がない場合、本契約は、同一条件にて、さらに1年間自動更新されるものとし、以後同様とする。

（期間満了以外の契約終了事由）[15]
第13条　Uバレーまたは東町商店は、相手方が本契約に違反し、書面によりその是正を催告したにもかかわらず、30日以内に違反状態を除去しなかった場合、本契約を解除することができる。
2　Uバレーまたは東町商店は、相手方につき、次のいずれかの事態が発生した場合、本契約を解除することができる。
(1)　主要な株主の変更・実質的な支配権者または経営者の変更があった場合。
(2)　支払不能・支払停止・法的倒産手続の申立があった場合。
(3)　解散・清算の手続がなされた場合。
3　本件商品に関する東町商店と西宮繊維または神戸スーパーとの間の契約が終了した場合、Uバレーは、本件契約を解除することができる。

（契約上の地位等の譲渡禁止）[16]
第14条　Uバレーおよび東町商店は、相手方の書面による事前の同意なくして、本契約上の地位または本契約により生じた権利もしくは義務のいずれも譲渡しないものとする。

（裁判管轄）[17]
第15条　本契約からもしくは本契約に関連してUバレーと東町商店間において生じる全ての紛争は、調停の場合は神戸簡易裁判所、訴訟の場合は神戸地方裁判所に専属的管轄があるもの

15）本条第1項は債務不履行による解除、第2項は信用不安等による解除、第3項は履行不能による解除を、本件に適合する形で規定したものであるが、その他想定される解除事由があれば、適宜規定することが望まれる。

16）本件販売提携は、Uバレーと東町商店の間でのみ意味のあるものであることから、契約上の地位の譲渡を認めない旨の本条を規定しておくべきである。また、本件契約により発生する権利義務を第三者に譲渡されることにより法律関係が複雑になることを避けるために、これらを禁止しておくことも有用である。

17）本条は専属的裁判管轄を規定するものであるが、紛争になった場合に費用・時間等の負担を軽減するためにも、自己に有利な裁判管轄を専属的に規定しておくことが重要である。

とする。

(契約の修正等) [18]
第16条　本契約は、Uバレーおよび東町商店の代表者または正当に授権された代理権を有する者により締結された書面によってのみ、訂正・修正・改変または変更されることができる。

(意思表示・通知の方法) [19]
第17条　本契約に関するすべての意思表示ないし通知は、その宛先変更通知が書面により与えられない限り、次に定められた者宛て送付するものとし、その意思表示ないし通知は、通常到達すべき時に到達したものとみなされるものとする。
　(1)　Uバレー　：〒○○○-○○○○　兵庫県西宮市○○町○丁目○番○号
　　　　　　　　　株式会社　Uバレー
　　　　　　　　　担当者　　○○○○

　(2)　東町商店　：〒○○○-○○○○　神戸市中央区○○町○丁目○番○号
　　　　　　　　　株式会社　東町商店
　　　　　　　　　担当者　　○○○○

(規定外の事項) [20]
第18条　本契約書に規定されていない事項については、Uバレーと東町商店とは、誠実に協議するものとし、その合意は、書面化されるもののみ効力を有するものとする。
　　　本契約の成立を証するため、本契約書を2部作成し、Uバレーと東町商店の各代表者により署名(記名)・捺印のうえ、各1部を保有する。[21]

18) 本件のような継続的契約においては、現場の担当者のみにより口頭で契約条項を実質的に変更する内容の合意が事実上なされることがあるが、このことが後に紛争の原因になることが多い。本条は、このような事態を避けるための規定である。

19) 本条は、意思表示・通知の方法を特定し、到達を擬制することにより、紛争を防止するための規定である。

20) 本条は、本契約書に規定されていない事項について問題等が生じた場合に、まずは契約当事者間で協議して解決することを定めた規定である。そして、何らかの合意に達した場合には、その合意が効力を有するためには書面化する必要があるとすることにより、さらなる紛争を防止することとしている。

21) 末文
　　作成部数、署名（記名）・捺印者、契約書の保有者を記載しておくことが一般的である。

平成 18 年 1 月 1 日 [22]

兵庫県西宮市○○町○丁目○番○号
株式会社　Ｕバレー
代表取締役　　○　○　○　○　㊞ [23]

神戸市中央区○○町○丁目○番○号
株式会社　東町商店
代表取締役　　○　○　○　○　㊞

（別紙）

商標登録第 1234567 号

ダイヤエヌ

指定商品ならびに商品の区分
　第 24 類　　ふきん、かや、敷き布、布団、布団カバー、布団側、まくらカバー、毛布、織物製壁掛け、カーテン、テーブル掛け、どん帳、シーツ
　第 25 類　　被服、ガーター、靴下止め、ズボンつり、バンド、ベルト、運動用特殊衣服、運動用特殊靴
　第 27 類　　敷き物、壁掛け（織物製のものを除く。）

22）契約書作成日
　実際に署名（記名）・捺印した日を記載すべきである。

23）契約書作成者署名（記名）・捺印
　ステップ１の３(5)で述べたとおり、契約書の作成権限のある者が署名（記名）・捺印する必要がある

第3章 不正競争防止法（営業秘密）・訴訟法務

【「本書の使い方」（12頁）より】
　今後のビジネス法務においてますますその存在価値を高めていくことが確実な不正競争防止法について概観したうえ、営業秘密不正利用行為について、具体的ケースを題材に、訴訟上の攻撃・防御の仕方を検討する。
　実際の訴訟においては、抽象的な法律の規定が、具体的事実としてどう主張・立証されるのかを体験してもらいたい。

1 訴状に対する被告の対応

(1) 答弁書の記載事項

訴状の送達を受けた被告は、答弁書を裁判所に提出することになる。被告として、原告が訴状の請求の趣旨に記載している請求に応じることができない場合には、答弁書において、「請求の趣旨に対する答弁」として、「原告の請求を棄却する」と記載するとともに、「請求の原因に対する答弁」を記載する必要がある。

(2) 「請求の原因に対する答弁」の記載方法

ア 認否

「請求の原因に対する答弁」の記載方法は、次のとおりである。すなわち、原告の事実に関する主張に対しては、これを、①真実と認める場合には、「認める」、②真実と認めない場合には、「否認する」、③真実かどうか不明の場合には、「不知である」との認否をする。②については、否認する理由その他反論を記載する必要がある。②と③の事実については、その後の手続において原告が証拠による証明すなわち立証をする必要がある。また、原告の法律上の主張に対しては、実務上は、これに、①同意できる場合には、「認める」、②同意できない場合には、「争う」との認否をすることが多い。②については、被告としての法律上の反論を記載することもある。

イ 抗弁

被告による認否の結果あるいは証拠調べの結果、原告の主張する請求原因事実がすべて認められた場合には、原告の請求が認容されることになる。しかし、例えば、貸金請求の場合に、請求原因事実である金銭の貸借の合意と金銭の交付の事実を被告が全部認めたうえ、弁済の事実を主張することがある。この弁済の事実が真実と認められた場合には、原告の請求は、棄却されることになる。このような原告の請求を理由付ける請求原因事実がすべて真実と認められた場合でも、原告の主張する権利を消滅させる等の効果を有する事実を「抗弁事実」という。

なお、この「抗弁事実」については、今度は、原告が①真実と認める場合には、「認める」、②真実と認めない場合には、「否認する」、③真実かどうか不明の場合には、「不知である」との認否をすることになる。②については、否認する理由も記載する必要がある。②と③の事実については、その後の手続において被告が証拠による証明すなわち立証をする必要がある。さらに、「抗弁事実」の効果を消滅させる事実を「再抗弁事実」というが、「再抗弁事実」がある場合には、さらに原告が「再抗弁事実」を主張し、被告がこれに対する認否をし、被告が「否認する」あるいは「不知である」との認否をした事実については、原告が立証する必要があるということになる。

(3) 本設問における被告の対応

　本設問においては、設問中に、「訴状の請求の原因に記載された事実のうち、アンダーラインを付された部分は、被告としても、真実と認めざるを得ないものである。」と記載してある。従って、本設問に解答するに当たっては、上記(2)アの認否は、これに従ってなされることを前提として、被告として、原告の請求を棄却する判決を得るために、どのような反論をすることができるかを考えることになる。

2　原告の主張の整理

(1) 原告の主張を整理する方法

　被告の反論を考えるにあたっては、まず、原告の主張を整理する必要がある。原告の主張を整理する方法としては、原告の請求ごとに、各請求を基礎付ける請求原因事実を整理するのがわかりやすい。

(2) 原告の請求

　原告の請求は、訴状の請求の趣旨の第1項の一定の行為の差止請求と第2項の金銭の支払請求である。そして、その各請求の法的性質は、訴状の請求の原因の5結語に記載されているが、次のとおりである。

ア　差止請求

営業秘密不正目的使用開示行為（不正競争防止法第3条・第2条第1項第7号）

イ　損害賠償請求

i　営業秘密不正目的使用開示行為（不正競争防止法第4条・第2条第1項第7号）

ii　不法行為（民法第709条）

(3) 原告の各請求を基礎付ける請求原因事実

本来、訴状の「請求の原因」には、原告の各請求を基礎付ける、法律要件に該当する具体的事実（これを「要件事実」という）が過不足なく記載されていなければならない。この原告の各請求を基礎付ける具体的事実（要件事実）を、請求原因事実という。

(4) 請求原因事実の整理と法律要件の整理

では、本設問の訴状における請求原因事実は、どう整理されるべきであるか。そのためには、具体的事実である請求原因事実が、その前提となっている法律要件のどれに該当するのかを検討するのがわかりやすい。さらに、そのためには、指標となるべき法律要件は、何であるかをまず整理することが必要となる。

3　法律要件の整理

(1) 基本姿勢

ビジネス法務の実務において、担当者が、あらゆる分野の法的知識を有しているわけでないことはもちろんである。ましてや、新人の場合は、日々の仕事が新しい経験である。例えば、本設問のように、不正競争防止法関連の事案の処理をすることになったが、不正競争防止法についての知識がなかった場合には、まずは、同法についての簡単な概説書を購読する等して、その概略を理解することが重要である。

(2) **不正競争防止法概略**

上記(1)のような基本姿勢のもとに不正競争防止法の概略を理解するとした場合、まずは、次頁の「不正競争行為の類型」記載の程度の大枠を大摑みにできれば十分である。

(3) **営業秘密不正目的使用開示行為・不法行為の法律要件**
　ア　**営業秘密不正目的使用開示行為の法律要件**

前記2(2)記載のとおり、差止請求と損害賠償請求のいずれも、営業秘密不正目的使用開示行為（不正競争防止法第2条第1項第7号）が関係していることから、営業秘密不正目的使用開示行為について、やや詳細に法律要件を理解することが重要である。営業秘密不正目的使用開示行為の法律要件は、条文上、次のとおりに分解できる。
　　ⅰ　営業秘密の存在

さらに、営業秘密の法律要件は、条文（不正競争防止法第2条第6項）上、次のとおりに分解できる。
　　　　①　生産方法、販売方法その他事業活動に有用な技術上または営業上の情報であること（有用性）
　　　　②　秘密として管理されていること（秘密管理性）
　　　　③　公然と知られていないこと（非公知性）
　　ⅱ　営業秘密を保有する事業者（「保有者」という）からの営業秘密の開示
　　ⅲ　不正の競業その他の不正の利益を得る目的または保有者に損害を与える目的
　　ⅳ　営業秘密の使用開示
　イ　**不法行為の法律要件**

不法行為（民法第709条）の要件事実は、条文上、次のとおりに分解できる。
　　ⅰ　「故意又は過失によって」（故意・過失）
　　ⅱ　「他人の権利又は法律上保護される利益を侵害した者は」（権利侵害ないし違法性）
　　ⅲ　「これによって生じた損害」（損害発生および因果関係）

不正競争行為の類型			
	名称	条文	規制対象
1	商品等主体混同惹起行為	法2Ⅰ①	他人の周知の商品等表示を冒用して商品等の主体の混同のおそれを生じさせる行為
2	著名表示冒用行為	法2Ⅰ②	他人の著名な商品等表示を冒用して顧客取引を図る行為
3	商品形態模倣行為	法2Ⅰ③	他人の商品形態の不当な模倣行為
4	営業秘密不正利用行為	法2Ⅰ④〜⑨	営業秘密の不正な利用行為

要件	適用除外
① 他人の商品等表示（人の業務に係る氏名、商号、商標、商品の容器もしくは包装その他の商品または営業を表示するもの）として需要者の間に広く認識されているものの存在（商品等表示の周知性） ② 不正競争行為者が①の商品等表示と同一または類似の商品等表示を使用し、またはその商品等表示を使用した商品を譲渡し、引き渡し、譲渡もしくは引渡しのために展示し、輸出し、もしくは輸入し、もしくは電気通信回路を通じて提供すること ③ ②の行為によって、他人の商品または営業と混同を生じさせること	① 普通名称・慣用表示の普通使用（法19Ⅰ①） ② 自己氏名の善意使用（法19Ⅰ②） ③ 先使用（法19Ⅰ③）
① 他人の著名な商品等表示の存在（商品等表示の著名性） ② 不正競争行為者が自己の商品等表示として①の著名な商品等表示と同一または類似のものを使用し、またはその商品等表示を使用した商品を譲渡し、引き渡し、譲渡もしくは引渡しのために展示し、輸出し、輸入し、もしくは電気回路を通じて提供すること	① 普通名称・慣用表示の普通使用（法19Ⅰ①） ② 自己氏名の善意使用（法19Ⅰ②） ③ 先使用（法19Ⅰ④）
他人の商品の形態（当該商品の機能を確保するために不可欠な形態を除く。）を模倣した商品を譲渡し、貸し渡し、譲渡もしくは貸渡のために展示し、輸出し、または輸入する行為	① 日本国内において最初に販売された日から起算して3年を経過した商品について、その商品の形態を模倣した商品を譲渡等する行為（法19Ⅰ⑤イ） ② 善意・無重過失の取得者の行う模倣商品の譲渡等（法19Ⅰ⑤ロ）
① 営業秘密の存在 営業秘密の要件（法2Ⅵ） ⅰ 生産方法、販売方法その他事業活動に有用な技術上または営業上の情報であること（有用性） ⅱ 秘密として管理されていること（秘密管理性） ⅲ 公然と知られていないこと（非公知性） ② 侵害行為 （不正取得型） ⅰ 窃盗等の不正手段による営業秘密の取得行為および使用・開示行為（法2Ⅰ④） ⅱ 不正取得行為介在についての悪意・重過失による営業秘密の取得行為および使用・開示行為（法2Ⅰ⑤） ⅲ 営業秘密取得後の不正取得行為介在についての事後的悪意・重過失者の営業秘密使用・開示行為（法2Ⅰ⑥） （信義則違反型） ⅳ 開示された営業秘密の図利・加害目的での使用・開示行為（法2Ⅰ⑦） ⅴ 不正開示行為介在についての悪意・重過失による営業秘密の取得行為および使用・開示行為（法2Ⅰ⑧） ⅵ 営業秘密取得後の不正開示についての事後的悪意・重過失者の営業秘密の使用・開示行為（法2Ⅰ⑨）	取引による善意転得者の権原内の使用・開示行為（法19Ⅰ⑥）

不正競争行為の類型			
	名称	条文	規制対象
5	技術的制限手段の無効化行為	法2Ⅰ⑩	コンテンツ保護のための技術的制限手段を無効化する装置・プログラムの譲渡等
6	技術的制限手段の無効化行為	法2Ⅰ⑪	権利者から許容されている特定の者以外の者に対するコンテンツ保護のための技術的制限手段を無効化する装置・プログラムの譲渡等
7	ドメイン名の不正取得等	法2Ⅰ⑫	図利加害の目的で、他人の特定商品等表示と同一もしくは類似のドメイン名を使用する権利を取得・保有し、または、そのドメイン名を使用する行為

要件	適用除外
【無効化装置の譲渡等】 ① 営業上用いられている技術的制限手段（他人が特定の者以外の者に影像もしくは音の視聴もしくはプログラムの実行または影像、音もしくはプログラムの記録をさせないために用いているものを除く）により制限されている ⅰ 影像もしくは音の視聴　ⅱ プログラムの実行　ⅲ 影像、音もしくはプログラムの記録を当該技術的制限手段の効果を妨げることにより可能とする機能のみを有する装置（当該装置を組み込んだ機器を含む。）の存在 ② ①の装置を譲渡等する行為 【無効化プログラムの譲渡等】 ① 営業上用いられている技術的制限手段（他人が特定の者以外の者に影像もしくは音の視聴もしくはプログラムの実行または影像、音もしくはプログラムの記録をさせないために用いているものを除く）により制限されている ⅰ 影像もしくは音の視聴　ⅱ プログラムの実行　ⅲ 影像、音もしくはプログラムの記録を当該機能のみを有するプログラム（当該プログラムが他のプログラムと組み合わされたものを含む。）を記録した記録媒体もしくは記憶した機器の存在 ② ①の記録媒体等を譲渡等する行為	試験または研究のために用いられる無効化装置またはプログラムの譲渡等（法19Ⅰ⑦）
【無効化装置の譲渡等】 ① 他人が特定の者以外の者に影像もしくは音の視聴もしくはプログラムの実行または影像、音もしくはプログラムの記録をさせないために営業上用いている技術的制限手段により制限されている ⅰ 影像もしくは音の視聴　ⅱ プログラムの実行　ⅲ 影像、音もしくはプログラムの記録を当該技術的制限手段の効果を妨げることにより可能とする機能のみを有する装置（当該装置を組み込んだ機器を含む。）の存在 ② ①の装置を当該特定の者以外の者に譲渡等する行為 【無効化プログラムの譲渡等】 ① 他人が特定の者以外の者に影像もしくは音の視聴もしくはプログラムの実行または影像、音もしくはプログラムの記録をさせないために営業上用いている技術的制限手段により制限されている ⅰ 影像もしくは音の視聴　ⅱ プログラムの実行　ⅲ 影像、音もしくはプログラムの記録を当該機能のみを有するプログラム（当該プログラムが他のプログラムと組み合わされたものを含む。）を記録した記録媒体もしくは記憶した機器の存在 ② ①の記録媒体等を当該特定の者以外の者に譲渡等する行為	試験または研究のために用いられる無効化装置またはプログラムの譲渡等（法19Ⅰ⑦）
不正の利益を得る目的で、または他人に損害を加える目的で、他人の特定商品等表示（人の業務に係る氏名、商号、商標、標章その他の商品または役務を表示するものをいう。）と同一もしくは類似のドメイン名を使用する権利を取得し、もしくは保有し、またはそのドメイン名を使用する行為	

不正競争行為の類型			
	名称	条文	規制対象
8	誤認惹起行為	法2Ⅰ⑬	商品の原産地・品質・内容・製造方法・用途・数量の誤認惹起行為、役務の質・内容・用途・数量の誤認惹起行為
9	信用毀損行為	法2Ⅰ⑭	虚偽事実の告知・流布行為
10	代理人等の商標冒用行為	法2Ⅰ⑮	パリ条約の同盟国において商標に関する権利を有する者の代理人による当該商標の無断使用行為

なお，不正競争防止法は，上記の不正競争行為のほか，外国の国旗等の商業上の使用禁止（16条），国際機関の標章の商業上の使用禁止（17条），外国公務員等に対する不正の利益の供与等の禁止（18条）を定めている。

要件	適用除外
【商品の原産地に関する誤認惹起行為】 ① 商品もしくはその広告もしくは取引に用いる書類または通信に ② その商品の原産地について誤認をさせるような表示をし、またはその表示をした商品を譲渡し、引き渡し、譲渡もしくは引渡しのために展示し、輸出し、輸入し、もしくは電気通信回線を通じて提供する行為 【商品の質・数量等に関する誤認惹起行為】 ① 商品もしくはその広告もしくは取引に用いる書類または通信に ② その商品の品質、内容、製造方法、用途もしくは数量について誤認させるような表示をし、またはその表示をした商品を譲渡し、引き渡し、譲渡もしくは引渡しのために展示し、輸出し、輸入し、もしくは電気通信回線を通じて提供する行為 【役務の質・数量等に関する誤認惹起行為】 ① 役務もしくはその広告もしくは取引に用いる書類または通信に ② その役務の品質、内容、製造方法、用途もしくは数量について誤認させるような表示をし、もしくはその表示をして役務を提供する行為	普通名称・慣用表示の普通使用（法19 I ①）
競争関係にある他人の営業上の信用を害する虚偽の事実の告知・流布行為	
パリ条約の同盟国等において商標権を有する者の代理人もしくは代表者等が、正当な理由なく、無断で、その商標と同一もしくは類似の商標を、同一もしくは類似の商品・役務に使用等する行為	① 普通名称・慣用表示の普通使用（法19 I ①） ② 自己氏名の善意使用（法19 I ②）

4 法律要件に対応した請求原因事実の整理

次に、前記3で整理した法律要件に対応させて請求原因事実を整理することにする。

(1) 営業秘密不正目的使用開示行為の法律要件と請求原因事実の対応

営業秘密不正目的使用開示行為の請求原因事実は、訴状の請求の原因の3(1)(24・25頁)に記載されているので、前記3(3)アで整理された法律要件と請求原因事実を対応させていくこととする。

ア 営業秘密の存在

> 本件取引先関係情報は、不正競争防止法第2条第6項の「営業秘密」に該当する。

i 生産方法、販売方法その他事業活動に有用な技術上または営業上の情報であること(有用性)

> 原告は、車輌、船舶および航空機用の精密鋳造部品ならびに原材料などの特殊な商品を扱う専門商社であるところ、本件取引先関係情報は、長年にわたる専門商社としての営業活動により蓄積された、製造会社、供給先会社および商品などについての特殊専門的知識に基づく、原告にとって企業の生命線ともいうべき重要な情報であった。

ii 秘密として管理されていること(秘密管理性)

> 原告における本件取引関係情報の管理は、これが社外に流出することを防止することを主眼とし、「従業員は、職務上知り得た会社の営業秘密を正当な理由なく漏洩してはならない。」との就業規則上の営業秘密保持義務を課すことや営業会議等で社外への不正開示の禁止を徹底すること等で対応してきた。

iii 公然と知られていないこと（非公知性）

> ・（本件取引先関係情報は）営業秘密保持義務を課す…
> ・原告は、これまで、自発的に本件取引先情報を社外に公開したことや社外に取得可能な状態に置いたこともない。

イ 営業秘密を保有する事業者（「保有者」という）からの営業秘密の開示

> 被告は、Ａ社の担当者として原告を退職するまでに得た、…取引先関係情報。

ウ 不正の競業その他の不正の利益を得る目的または保有者に損害を与える目的

> 被告は、この行為が原告にマイナスの影響（損害）を与えることを認識していた。

エ 営業秘密の使用・開示

> 本件取引先関係情報…を使用開示して、原告の取引先であった米国、中国および国内の数社と取引の交渉等をして、短期間のうちに、原告を排除した独占的総販売代理店契約を締結したうえ、遅くとも同年４月１日以降、本件事業の全部または一部に該当する行為を行っている。

(2) 不法行為の法律要件と請求原因事実の対応

　不法行為の請求原因事実は、訴状の請求の原因の３(2)（25～27頁）に記載されているので、前記３(3)イで整理された法律要件と請求原因事実を対応させていくこととする。

ア 「故意又は過失によって」（故意・過失）

> 被告は、原告に在職中から、米国における原告の取引先を訪問する等して、将来被告が原告を退職した場合には、被告ないしは被告が関係する者が原告と同様の事業をするので、取引関係をもつよう働きかけていた。そして、<u>被告が担当していた部署と同じ事業を行うつもりで、原告と競業する事業会社を経営する乙と組んでＡ社を設立し、被告の妻である甲を取締役に就任させた。</u>そして、退職に際して十分な業務の引継をせず、しかも、引継後任者の中心人物であった丙を原告から退職させてＡ社に入社させる等して、原告が営業活動をすることを困難にする工作をしたうえ、<u>原告を退職するや否や原告の気づかない間に、</u>電光石火のごとく、<u>原告の取引先と、独占的総販売代理店契約を締結した。</u>

イ 「他人の権利又は法律上保護される利益を侵害した者は」（権利侵害ないし違法性）

> これらの事実関係からすると、被告の行為は、自らの実質的なリスク負担や経営努力なくして、単に本件取引先関係情報を利用することによって、原告の取引先を奪取したものであって、到底、自由競争の範囲内に収まるようなものではなく、不法行為というべきである。

ウ 「これによって生じた損害」（損害発生および因果関係）

> Ａ社が原告の取引先との間で、短期間のうちに、独占的総販売代理店契約を成立させることができたのは、Ａ社に、自らのリスク負担と経営努力があったからではなく、被告が、原告在職中に得た本件取引先関係情報を利用し、しかも、原告には、競合する他のメーカー品を扱う可能性があって、独占的総販売

> 代理店契約を締結できない事情があることを知ったうえで、原告より有利な条件を提示すれば、独占的総販売代理店契約を容易に締結できそうな取引先だけを、いわば狙い撃ちで選択したからである。

5 原告の主張に対する被告の反論を検討するにあたっての観点

前記2(1)で述べたところに従って、原告の主張を、原告の各請求を基礎付ける請求原因事実ごとに整理してきた。ここで、被告の反論を検討することになるが、検討のための観点としては、次のようなことが考えられる。

(1) 認否の検討

まずは、前記1(2)アで述べた認否の検討をすることが必要である。すなわち、各請求原因事実のうち、被告として、真実と認めることができる部分と真実と認めることができない部分および真実かどうか不明の部分の振り分けをする必要がある。

ただし、一旦認めてしまうと、裁判所は、この事実を自白事実として、真実として取り扱うしかなくなり、しかも、自白の撤回は、原則として許されないことになる。従って、実務においては、この認否の検討を慎重にする必要がある。原告の主張する事実に不分明なところがある場合や、将来の展開上不利になる可能性がある場合には、とりあえず、否認しておくという方が安全である。なお、実務上、被告としては、明らかに真実と認めざるを得ない事実ではあるが、原告に十分な証拠がなく、その立証に失敗しそうな場合に、戦略的に否認しておくという場合もないではないが、あまり誉められるやり方ではない。

また、原告の主張に法律上の主張がある場合には、実務上は、これに対する認否も必要である。

(2) 否認する理由の検討

そして、否認する部分については、否認する理由を検討する必要が

ある。否認する理由としては、「真実は、原告の主張する〇〇事実と異なり、××事実である。」というように、原告とは異なった事実関係を主張する場合もあるし、「原告の主張する〇〇事実は、原告の主張するように××と評価するのではなく、△△と評価すべきである。」というように、原告とは異なった事実関係の評価をする場合もある。

(3) 法的反論の検討

さらに、場合によっては、原告の主張するあるいは原告が主張していると考えられる法律解釈と異なった法律解釈を主張するというような、法的な観点からの反論も検討する必要がある。

6 営業秘密不正目的使用開示行為の請求原因事実に対する反論

では、前記5の各観点から、前記4(1)の営業秘密不正目的使用開示行為の請求原因事実に対する反論を検討していくこととする。

(1) 認否の検討

本来は、請求原因事実全部について、前記5(1)の観点から認否を検討する必要があるのであるが、本設問においては、教材としての便宜上、設問に記載しているとおり、アンダーラインを付された部分は、被告としても真実と認めざるを得ないものとした。従って、前記4(1)で整理した請求原因事実のうち、アンダーラインを付されていない部分についてのみ、認否を検討することとするが、認否の内容としては、事実主張については、「否認する」か「不知である」のいずれかであり、法律上の主張については、「争う」だけである。

ア 前記4(1)ア柱書の『**本件取引先関係情報は、不正競争防止法第2条第6項の「営業秘密」に該当する。**』について

方針：「争う」ことになる。

理由：この主張は、法律上の主張であるので、「否認する」ではなく「争う」との認否をすることになる。

イ 前記4(1)ア ⅰ（有用性）の『**特殊専門的知識に基づく、原告にとっ**

て企業の生命線ともいうべき重要な』について

方針：「否認する」ことになる。

理由：被告としては、「本件取引先関係情報は、長年にわたる専門商社としての営業活動により蓄積された、製造会社、供給先会社および商品などについての…情報であった。」との部分を認めざるを得ないことから、このことによって、「有用性」が肯定される可能性が強いのであるが、より積極的に、本件取引先関係情報の重要性を認めることにより、「有用性」の認定を容易にすることを避けるとともに、全体としての被告の行為の悪性を印象付けることを避ける狙いがある。

ウ　前記4(1)アⅱ（秘密管理性）の『「従業員は、職務上知り得た会社の営業秘密を正当な理由なく漏洩してはならない。」との就業規則上の営業秘密保持義務を課すことで対応してきた。』について

方針：「「従業員は、職務上知り得た会社の営業秘密を正当な理由なく漏洩してはならない。」との就業規則が存在することおよび営業会議等で社外への不正開示の禁止を徹底していたことは認め、その余は、不知である。」との認否をすることになる。

理由：被告としては、原告における本件取引関係情報の管理は、これが社外に流出することを防止することを主眼としていたこと、営業会議等で社外への不正開示の禁止を徹底していたこと、および、就業規則の存在は認めざるを得ないとしても、本件取引先関係情報が就業規則上の営業秘密に該当するどうかを含めて原告の本件取引先関係情報の管理方針を知らなかった場合には、「その余は、不知である。」という認否をすることになる。もちろん、このような管理方針は存在しなかったといえる場合には、「否認する」との認否もありえる。

エ　前記4(1)アⅲ（非公知性）の『(本件取引関係情報は)営業秘密保持義務を課す…』について

　　上記ウの本件取引先関係情報と就業規則上の営業秘密の認否に準じて、「不知である」、場合によっては「否認する」との認否をすることになる。

(2) 認否結果のまとめ

以上を前提に、前記4(1)の請求原因事実についての認否を改めて整理すると次のようになる。＿＿が「認める」部分、＿＿が「否認する」部分、＿＿が「不知である」部分、＿＿が「争う」部分である。

ア　営業秘密の存在

<u>本件取引先関係情報は、不正競争防止法第2条第6項の「営業秘密」に該当する。</u>

ⅰ　生産方法、販売方法その他事業活動に有用な技術上または営業上の情報であること（有用性）

<u>原告は、車輌、船舶および航空機用の精密鋳造部品ならびに原材料などの特殊な商品を扱う専門商社であるところ、本件取引先関係情報は、長年にわたる専門商社としての営業活動により蓄積された、製造会社、供給先会社および商品などについての特殊専門的知識に基づく、原告にとって企業の生命線ともいうべき重要な情報であった。</u>

ⅱ　秘密として管理されていること（秘密管理性）

<u>原告における本件取引関係情報の管理は、これが社外に流出することを防止することを主眼とし、「従業員は、職務上知り得た会社の営業秘密を正当な理由なく漏洩してはならない。」との就業規則上の営業秘密保持義務を課すことや営業会議等で社外への不正使用開示の禁止を徹底すること等で対応してきた。</u>

ⅲ　公然と知られていないこと（非公知性）

<u>（本件取引関係情報は）営業秘密保持義務を課す…</u>

<u>原告は、これまで、自発的に本件取引先関係情報を社外に公開したことや社外に取得可能な状態に置いたこともない。</u>

イ　営業秘密を保有する事業者（「保有者」という）からの営業秘密の開示

<u>被告は、A社の担当者として原告を退職するまでに得た、…取引先関係情報。</u>

ウ　不正の競業その他の不正の利益を得る目的または保有者に損害を与える目的

<u>被告は、この行為が原告にマイナスの影響（損害）を与えること
を認識していた。</u>
　エ　営業秘密の使用
　　<u>本件取引先関係情報…を使用開示して、原告の取引先であった米
国、中国および国内の数社と取引の交渉等をして、短期間のうちに、
原告を排除した独占的総販売代理店契約を締結したうえ、遅くとも
同年4月1日以降、本件事業の全部または一部に該当する行為を行っ
ている。</u>

(3)　否認する理由の検討
　ア　否認部分についての否認する理由
　　　上記(1)(2)の認否の結果、被告が否認した部分は、前記4(1)アのⅰ
の『**特殊専門的知識に基づく、原告にとって企業の生命線ともいう
べき重要な**』という主張である。従って、被告としては、この部分
については、否認した理由を述べておく必要がある。
　　　例えば、本件取引先関係情報の重要性を否定することができるの
であれば、「本件取引先関係情報は、競業する他社であれば、どこで
も保有できる程度のものであり、営業担当者が得意先回りを丹念に
行なっていれば簡単に取得できる程度の情報であった。」といった主
張が考えられる。
　イ　本設問の特殊性
　　　ところで、上記(2)の認否結果を一覧すると、上記(2)アⅰの有用性
に関する原告の主張のうち、<u>原告は、車輌、船舶および航空機用の
精密鋳造部品ならびに原材料などの特殊な商品を扱う専門商社であ
るところ、本件取引先関係情報は、長年にわたる専門商社としての
営業活動により蓄積された、製造会社、供給先会社および商品など
についての情報であった。</u>との事実だけで、有用性の要件は満たさ
れると判断され、さらに、上記(2)アⅱの秘密管理性に関する原告の
主張のうち、被告が不知と認否した、<u>「従業員は、職務上知り得た会
社の営業秘密を正当な理由なく漏洩してはならない。」との就業規則
上の営業秘密保持義務を課すことで対応してきた。</u>との事実が、就

業規則の存在により推認された場合には、上記アの否認の理由として被告が主張する事実が認められるか否かに関りなく、他の事実は被告がすべて認める事実であることから、営業秘密の存在が認められてしまうかのように思える。

　しかし、ここで、注意しなければならないことは、実務上、訴状の段階において原告の主張する請求原因事実だけでは、厳密には、要件事実を十分に満たす具体的事実の主張がなされていない場合や、未だ事案の本質を十分に明らかにできていない場合がよくあるということである。原告としては、戦略上、自己に不利な部分については、あえて詳細な主張をしないで、被告の認否を待って、対応を考えるということもある。

　本設問の営業秘密の存在に関する請求原因事実も一見要件事実を満たしているようにも見えるけれども、不十分な部分がある。すなわち、**原告は、本件取引先関係情報は、不正競争防止法第2条第6項の「営業秘密」に該当する。**との結論を述べてはいるものの、営業秘密の要件である有用性については、**重要な情報**としか主張しておらず、秘密管理性については、**社外に流出することを防止することを主眼とし、…就業規則上の営業秘密保持義務を課すことや営業会議等で社外への不正開示の禁止を徹底すること等対応をしてきた**と主張するが、それ以外の秘密管理に関する具体的主張はなされておらず、さらに、非公知性については、**原告は、これまで、自発的に本件取引先情報を社外に公開したことや社外に取得可能な状態に置いたこともない。**としか主張していない。

　従って、被告としては、否認する理由として、上記アで述べた事項以外に、本件取引先関係情報が営業秘密の要件を満たさないという事実関係を積極的に主張することが重要となる。

(4) 否認する理由についての積極的主張の検討方法

　本件取引先関係情報が営業秘密の要件を満たさないという事実関係を積極的に主張するためには、そもそも、営業秘密の各要件事実は、本来どのような内容であるべきかを再検討したうえで、本設問におい

て**（訴状に記載されていない事情）**から、これらに相当する具体的事実を抽出する作業が必要となる。実務上は、**（訴状に記載されていない事情）**と同様の事情を関係者等から聞き取る作業から始めなければならないことになる。

(5) 営業秘密の各要件事実の再検討

そこで、営業秘密の各法律要件をやや詳細に再検討する。

そもそも、営業秘密不正目的使用開示行為（不正競争防止法第2条第1項第7号）を含む営業秘密不正利用開示行為（同項第4号ないし第9号）を不正競争行為とした趣旨は、成果開発のインセンティブを保証する目的で、営業活動上の情報を秘密にすることで他の競業者より優位に立とうとする企業の活動を法的に支援することにある。従って、保護されるべき営業秘密の法律要件の解釈にあたっても、この視点が必要である。これを前提に、営業秘密の各法律要件は、一般的には次のように解釈されている（経済産業省『営業秘密管理指針　平成17年10月12日改訂』7～8頁参照）。

ア　「有用性」

「有用性」とは、競争上優位に立つ源泉となる場合を含め、当該情報が事業活動に使用されまたは使用されることによって費用の節約、経営効率の改善等に役立つこととなる事業への活用性をいう。

この要件は、成果開発のインセンティブを保証するという観点からのものである。

イ　「秘密管理性」

「秘密管理性」が認められるためには、その情報を客観的に秘密として管理していると認識できる状態にあることが必要である。具体的には、①情報にアクセスした者にそれが秘密であると認識できること、②情報にアクセスできる者を制限していること、の2つが要件となる。

この要件は、法的保護を求める者に、保護されるべき情報を他の情報と区別することを要求するとともに、秘密として管理する相応の努力を促すものである。

ウ 「非公知性」

　「非公知性」が認められるためには、情報保有者の管理下以外では、一般に入手できない状態にあることが必要である。当該情報を知っている者に守秘義務が課されている場合には、非公知といえる。

　この要件は、情報管理者が他の競業者に対して優位にあることを要求するものである。

(6) 否認する理由についての積極的主張

ア 「有用性」

　上記(5)アの「有用性」の解釈を前提にした場合、上記(3)アで否認の理由として、「本件取引先関係情報は、競業する他社であれば、どこでも保有できる程度のものであり、営業担当者が得意先回りを丹念に行なっていれば簡単に取得できる程度の情報であった。」といった主張を述べた場合には、本件取引先関係情報は事業への活用性すなわち有用性はないとの積極的主張を既にしていることになる。そして、**(訴状に記載されていない事情)** の中に、否認する理由として積極的に主張すべき事実はないと考えられる。

イ 「秘密管理性」

　上記(5)イの2つの要件、すなわち、①情報にアクセスした者にそれが秘密であると認識できること、②情報にアクセスできる者を制限していることを前提として、**(訴状に記載されていない事情)**（28頁）を見ると、その中に否認する理由として積極的に主張すべき事項が認められる。これを使って考えられる主張は、次のようなものである。

ⅰ 次の事実に照らすと、「秘密管理性」のひとつの要件である「情報にアクセスした者にそれが秘密であると認識できること」の要件を欠くというべきである。

① **原告では、本件取引先関係情報を集約した文書は特に作成されておらず、また、コンピュータにデータベースとして収納されてもいなかった。** 従って、少なくとも、本件取引先関係情報は、文書ないしはコンピュータからのアウトプットデータとして認識できる形式のものではなく、秘密として認識をすることは極

めて困難な形式で管理された情報であったといわざるを得ない。
② なお、**本件取引先関係情報の元となるものとして、原告は、従業員に対して、その営業活動を日誌的に報告する「ウイークリーレポート」の提出を義務づけていたが、同文書には、「マル秘」や「持ち出し・謄写厳禁」等の表示は無く、原告内で回覧され、閲覧・謄写も自由であった。また、原告では、従業員が出張を行った際には、出張先における営業活動を日誌的にして記載する「出張業務報告書」の作成を義務付けていたが、この文書にも「マル秘」や「持ち出し・謄写厳禁」等の表示はなかった。** これらの文書は、日常の業務過程における報告のために作成される文書に過ぎず、本件取引先関係情報を集約した文書ということはできない。また、仮に、これらの文書に、本件取引先関係情報の元になる情報が記載されていたとしても、上記のような管理実態から見て明らかなように、到底、これらの情報が秘密であると客観的に認識できるものではなかった。

ii 次の事実に照らすと、「秘密管理性」のもうひとつの要件である「情報にアクセスできる者を制限していること」の要件も欠くというべきである。

① 原告は、**原告における本件取引関係情報の管理は、これが社外に流出することを防止することを主眼とし、…就業規則上の営業秘密保持義務を課すことや営業会議等で社外への不正使用開示の禁止を徹底すること等で対応してきた。**と主張するが、このことからわかるとおり、本件取引先関係情報は、従業員全員がアクセスできるものであり、「情報にアクセスできる者を制限していること」の要件が欠けていることは明らかである。

② また、原告がアクセス制限をしていなかった実際の理由は、**原告では、各営業部門が取り扱う商品が密接に関連していることから、各営業部門または各営業部員が、取引先関係の情報を独自の情報として独占すると、原告全体として商機を逃すなどの営業上の障害となるため、原告内では、情報を共有化し、取引先関係の情報にアクセスできる者を限定する措置は採っていなかった。**

ということにあり、もともと、本件取引先関係情報にアクセス制限をする意図は全くなかった。原告における本件取引関係情報の管理は、これが社外に流出することを防止することを主眼にしていたというのは、「情報にアクセスできる者を制限していること」の要件を何らかの形で主張しなければならないことから、こじつけた理屈に過ぎず、この要件が欠けていることは明らかである。

 ウ　「非公知性」

  仮に、「**(本件取引先関係情報は) 営業秘密保持義務を課す…**」という部分を否認するという認否をしていた場合であっても、上記(5)ウの「非公知性」の解釈を前提にすると、**原告は、これまで、自発的に本件取引先関係情報を社外に公開したことや社外に取得可能な状態に置いたこともない**ことから、本件取引先関係情報は、少なくとも社外では一般に入手できない状態にあることになり、非公知性が認められる可能性がある。しかしながら、**(訴状に記載されていない事情)** の中に、否認する理由として積極的に主張すべき事実はなく、「非公知性」については、積極的に否認する理由を述べる事項はないと考えられる。

(7)　法的反論の検討

 ア　原告の主張の特徴

  ところで、請求原因に記載された主張と**(訴状に記載されていない事情)** を全体として眺めた場合、原告の「秘密管理性」についての主張は、**本件取引先関係情報が、目に見えない情報の組合せによって成り立っており、その組合せ如何によって情報そのものや情報の価値が刻々と変化するため、発明や技術のようにそれ自体の情報が確定しておらず、そもそも、営業秘密の範囲を確定し文書化等することが困難であった。そこで、原告は、本件取引先関係情報の文書化等が困難であることから、不正使用開示の防止策として、就業規則や営業会議等で不正使用開示の禁止を徹底することで対応しようと考えていた。また、原告では、各営業部門が取り扱う商品が密接に関連していることから、各営業部門または各営**

業部員が、本件取引先関係情報を独自の情報として独占すると、原告全体として商機を逃すなどの営業上の障害となるため、原告内では、情報を共有化し、本件取引先関係情報にアクセスできる者を限定する措置は採っていなかった。そこで、原告における本件取引関係情報の管理は、これが社外に流出することを防止することを主眼とし、「従業員は、職務上知り得た会社の営業秘密を正当な理由なく漏洩してはならない。」との就業規則上の営業秘密保持義務を課すことや営業会議等で社外への不正使用開示の禁止を徹底すること等で対応してきた。というもので、これを簡略化すると、次のようになる。

本件取引先関係情報の文書化困難性
↓
営業秘密としての指定なし
↓
就業規則・営業会議等での不正使用開示の禁止徹底による社外流出防止
↑
アクセス制限なし
↑
本件取引先関係情報の社内共有化の必要性

以上の原告の主張は、秘密管理性についての一般的解釈である上記(5)のイとは、若干異なった見地からの主張のようにも思われることから、この点につき、法的な見地から反論しておくことも考えられる。

イ　反論

以下に、反論の例を掲げておく。

i　仮に、本件取引先関係情報が、目に見えない情報の組合せによって成り立っており、その組合せ如何によって情報そのものや情報の価値が刻々と変化するため、発明や技術のようにそれ自体の情報が確定しておらず、そもそも、営業秘密の範囲を確定し文書化等することが困難であるという事情があったとしても、文書化等により客観的に秘密として管理されていない情報は、その情報に

アクセスする者に自由に使用開示できる情報という認識を抱かせる蓋然性が高く、このような情報を秘密として保護することは、従業員に予測不能の不利益を課する危険性が大きく、不正競争防止法の「秘密として管理していること」の解釈としては、あくまで、客観的に秘密として管理することが要求されていると考えるべきである。

ⅱ　そして、原告は、文書化等することが困難であるから、不正使用開示の防止策として、就業規則や営業会議等で不正使用開示の禁止を徹底することで対応しようと考えていたということであるが、これで「秘密管理性」を認めるとすれば、本件取引先関係情報は、文書等による営業秘密としての具体的指定がなく、その範囲が全く不明のまま、単に社外漏洩をしてはならないとの禁止規定・命令があるだけで保護されることになる。これは、結局のところ、本件取引先関係情報は、情報としての「有用性」さえあれば、そのすべてが「秘密として管理」された営業秘密であるということを認めるのと同じ結果になり、不正競争防止法第2条第6項が「秘密管理性」を要求した趣旨を没却する解釈であることは明らかである。

ⅲ　さらに、原告は、本件取引先関係情報の社内共有化の必要性から、原告における本件取引関係情報の管理は、これが社外に流出することを防止することを主眼とし、その方法は、就業規則上の営業秘密保持義務を課すことや営業会議等で社外への不正使用開示の禁止を徹底すること等であった旨主張する。

　ところで、就業規則には、「従業員は、職務上知り得た会社の営業秘密を正当な理由なく漏洩してはならない。」との記載があるだけであり、営業秘密については何らの定義もなされていない。しかしながら、原告の主張によれば、本件取引先関係情報が不正競争防止法上の「営業秘密」となるのは、就業規則において「営業秘密」の保持義務を課しているからだということであるから、これらは同義であると考えられる。そうであるとすれば、そもそも、就業規則上の「営業秘密」に該当するか否かは、不正競争防止法

上の「営業秘密」に該当するか否かで決まるのであり、就業規則で不正競争防止法上の「営業秘密」保持義務を規定していること自体は、本件取引先関係情報が不正競争防止法上の「営業秘密」の秘密管理性とは関係のないことである。従って、就業規則において「営業秘密」の保持義務を課しているということは、本件取引先関係情報が不正競争防止法上の「営業秘密」となるために必要な秘密管理性の根拠とはなり得ないのである。そして、営業会議等で社外への不正使用開示の禁止を徹底していたとも主張するが、営業会議での指示の内容が就業規則の遵守等の抽象的なものに止まっている以上、結論に相違はない。

7 不法行為の請求原因事実に対する反論

次に、前記5の各観点から、前記4(2)の不法行為の請求原因事実に対する反論を検討していくこととする。

(1) 認否の検討

前記6(1)で述べたのと同じように、本来は、請求原因事実全部について、前記5(1)の観点から認否を検討する必要があるのであるが、本設問においては、アンダーラインを付された部分は、被告としても真実と認めざるを得ないものとした。従って、前記4(2)で整理した請求原因事実のうち、アンダーラインを付されていない部分についてのみ、認否を検討することとする。

ア 「故意又は過失によって」（故意・過失）に係る事実について

被告の故意行為を基礎付ける事実であり、「否認する」ことになる。

イ 「他人の権利又は法律上保護される利益を侵害した者は」（権利侵害ないし違法性）

被告の行為は、自らの実質的なリスク負担や経営努力なくして、単に本件取引先関係情報を利用することによって、原告の取引先を奪取したものであるとの部分は、事実の主張であるので、「否認」し、その余の、**到底、自由競争の範囲内に収まるようなものではなく、不法行為というべきである**との部分は、法律上の主張であるので、「争

う」ことになる。

　ウ　「これによって生じた損害」（損害発生および因果関係）

　　　損害発生の因果関係を基礎付ける事実であり、「否認する」ことになる。

(2) 認否結果のまとめ

　　以上を前提に、前記4(2)の請求原因事実についての認否を改めて整理すると次のようになる。＿＿＿が「認める」部分、＿＿＿が「否認する」部分、＿＿＿が「争う」部分である。

　ア　「故意又は過失によって」（故意・過失）

　　　被告は、原告に在職中から、米国における原告の取引先を訪問する等して、将来被告が原告を退職した場合には、被告ないしは被告が関係する者が原告と同様の事業をするので、取引関係をもつよう働きかけていた。そして、被告が担当していた部署と同じ事業を行うつもりで、原告と競業する事業会社を経営する乙と組んでA社を設立し、被告の妻である甲を取締役に就任させた。そして、退職に際して十分な業務の引継をせず、しかも、引継後任者の中心人物であった丙を原告から退職させてA社に入社させる等して、原告が営業活動をすることを困難にする工作をしたうえ、原告を退職するや否や原告の気づかない間に、電光石火のごとく、原告の取引先と、独占的総販売代理店契約を締結した。

　イ　「他人の権利又は法律上保護される利益を侵害した者は」（権利侵害ないし違法性）

　　　これらの事実関係からすると、被告の行為は、自らの実質的なリスク負担や経営努力なくして、単に本件取引先関係情報を利用することによって、原告の取引先を奪取したものであって、到底、自由競争の範囲内に収まるようなものではなく、不法行為というべきである。

　ウ　「これによって生じた損害」（損害発生および因果関係）

　　　A社が原告の取引先との間で、短期間のうちに、独占的総販売代理店契約を成立させることができたのは、A社に、自らのリスク負

担と経営努力があったからではなく、被告が、原告在職中に得た**本件取引先関係情報を利用し、しかも、原告には、競合する他のメーカー品を扱う可能性があって、独占的総販売代理店契約を締結できない事情があることを知ったうえで、原告より有利な条件を提示すれば、独占的総販売代理店契約を容易に締結できそうな取引先だけを、いわば狙い撃ちで選択したからである。**

(3) 否認する理由の検討

上記(2)の否認した部分については、否認の理由を述べておくべきであるが、本件においては、原告の主張する事実関係と被告のそれとが大きく異なると思われる。このような場合には、否認した部分につき個々的に、否認した理由を述べるのではなく、被告が主張するストーリーを全部述べる方がわかりやすい。その例を、下記(4)に示す。

(4) 否認する理由についての積極的主張

ア 原告は、A 社が原告の取引先との間で、短期間のうちに、独占的総販売代理店契約を成立させることができたのは、A 社に、自らのリスク負担と経営努力があったからではなく、被告が、原告在職中に得た本件取引先関係情報を利用し、しかも、原告には、競合する他のメーカー品を扱う可能性があって、独占的総販売代理店契約を締結できない事情があることを知ったうえで、原告より有利な条件を提示すれば、独占的総販売代理店契約を容易に締結できそうな取引先だけを、いわば狙い撃ちで選択したからであり、被告の行為は、自らの実質的なリスク負担や経営努力なくして、単に原告の本件取引先関係情報を利用することによって、原告の取引先を奪取したものであって、到底、自由競争の範囲内に収まるようなものではなく、被告の行為は、自由競争を逸脱した不法行為であると主張する。

イ しかし、本件取引先関係情報が、不正競争防止法上の「営業秘密」に該当しないことは前記のとおりであり、被告が本件取引先関係情報を使用開示した面があったとしても、これが不法行為を構成するものではない。また、原告と被告とは完全な自由競争であり、取引

の成否はあくまでも供給者側のメーカーと需要側の顧客とのバランスの上に成り立っており、被告が本件取引先関係情報に関し何らかの情報を有していたとしても、需要側が要求する価格、納期管理、対応の迅速性等、種々の要素が顧客側の選択肢の判断基準となっているものである。この点、原告は顧客に対する普段の営業努力を怠り、顧客のニーズに十分に応えられなかった為に、結果的に、その取引先が、被告と代理店契約を結んだのであって、被告を非難することは到底できないものである。Ａ社が原告の取引先ないしは被告退職前までは原告の取引先であった米国、中国および国内の数社との間で、短期間のうちに、独占的総販売代理店契約を成立させることができたのは、Ａ社が自らのリスク負担と経営努力によってなし得たことである。すなわち、原告の元取引先と独占的総販売代理店契約を締結した被告の行為は、自由競争の範囲内の行為であって、これを逸脱した不法行為であるとは到底いえないものである。

8　答弁書の例

以下に、前記6および7の反論を反映させた答弁書の例を掲記する。

平成18年（ワ）第○○○号競業行為差止等請求事件
原告　　株式会社○○○○
被告　　○　○　○　○

答　弁　書

○○地方裁判所　御中

　　　　　　　　　　　　　　　　　　　　平成18年9月1日

　　　　　　　　〒○○○－○○○○

　　　　　　　　　　　○○市○○区○○町○○番地○○ビル○階
　　　　　　　　　　　○○法律事務所（送達場所）
　　　　　　　　　　　ＴＥＬ　（○○○）○○○－○○○○
　　　　　　　　　　　ＦＡＸ　（○○○）○○○－○○○○
　　　　　　　　　　　被告訴訟代理人弁護士　○　○　　○　○

第1　請求の趣旨に対する答弁

1　原告の請求をいずれも棄却する。
2　訴訟費用は原告の負担とする。
との判決を求める。

第2　請求の原因に対する答弁

1について
　すべて認める。
2について
　すべて認める。
3について
（1）について
　ア　について
　　すべて認める。
　イ　について
　　原告は、車輛、船舶および航空機用の精密鋳造部品ならびに原材料などの特殊な商品を扱う専門商社であるところ、本件取引先関係情報は、長年にわたる専門商社としての営業活動により蓄積された、製造会社、供給先会社および商品などについての情報であったこと、原告における本件取引関係情報の管理は、

これが社外に流出することを防止することを主眼としていたこと、営業会議等で社外への不正使用開示の禁止を徹底していたこと、原告は、これまで、自発的に本件取引先関係情報を社外に公開したことや社外に取得可能な状態に置いたことがなかったことは認める。

　本件取引先関係情報が特殊専門的知識に基づく、原告にとって企業の生命線ともいうべき重要な情報であったことは、否認する。なお、本件取引先関係情報は、競業する他社であれば、どこでも保有できる程度のものであり、営業担当者が得意先回りを丹念に行なっていれば簡単に取得できる程度の情報であった。

　「従業員は、職務上知り得た会社の営業秘密を正当な理由なく漏洩してはならない。」との就業規則があったことは認めるが、原告が本件取引先関係情報の管理を就業規則上の営業秘密保持義務を課すこと等で対応してきたことは、不知である。

　本件取引先関係情報が不正競争防止法第2条第6項の「営業秘密」に該当することは、争う。

(2)について

アについて

　被告が担当していた部署と同じ事業を行うつもりで、原告と競業する事業会社を経営する乙と組んでA社を設立し、被告の妻である甲を取締役に就任させたこと、原告を退職するや否や原告の気づかない間に、原告の取引先と、独占的総販売代理店契約を締結したことは、認め、その余は、否認する。

イについて

　否認する。

ウについて

　被告が自らの実質的なリスク負担や経営努力なくして、単に本件取引先関係情報を利用することによって、原告の取引先を

奪取したことは、否認し、その余は、争う。
4について
　否認する。
5について
　争う。

第3　被告の主張

1　営業秘密不正使用開示行為（主位的主張）に対する反論
(1)　「秘密管理性」の不存在
　　「秘密管理性」が認められるためには、①情報にアクセスした者にそれが秘密であると認識できること、②情報にアクセスできる者を制限していることの２つの要件を満たす必要がある。しかし、本件においては、以下のとおりこれらの要件が満たされていない。
　ア　次の事実に照らすと、「秘密管理性」のひとつの要件である「情報にアクセスした者にそれが秘密であると認識できること」の要件を欠くというべきである。
　　i　原告では、本件取引先関係情報を集約した文書は特に作成されておらず、また、コンピュータにデータベースとして収納されてもいなかった。従って、少なくとも、本件取引先関係情報は、文書ないしはコンピュータからのアウトプットデータとして認識できる形式のものではなく、秘密として認識をすることは極めて困難な形式で管理された情報であったといわざるを得ない。
　　ii　なお、本件取引先関係情報の元となるものとして、原告は、従業員に対して、その営業活動を日誌的に報告する「ウイークリーレポート」の提出を義務づけていたが、同文書には、「マル秘」や「持ち出し・謄写厳禁」等の表示は無く、原告

内で回覧され、閲覧・謄写も自由であった。また、原告では、従業員が出張を行った際には、出張先における営業活動を日誌的にして記載する「出張業務報告書」の作成を義務付けていたが、この文書にも「マル秘」や「持ち出し・謄写厳禁」等の表示はなかった。これらの文書は、日常の業務過程における報告のために作成される文書に過ぎず、本件取引先関係情報を集約した文書ということはできない。また、仮に、これらの文書に、本件取引先関係情報の元になる情報が記載されていたとしても、上記のような管理実態から見て明らかなように、到底、これらの情報が秘密であると客観的に認識できるものではなかった。

イ　次の事実に照らすと、「秘密管理性」のもうひとつの要件である「情報にアクセスできる者を制限していること」の要件も欠くというべきである。

　　i　原告は、原告における本件取引関係情報の管理は、これが社外に流出することを防止することを主眼とし、就業規則上の営業秘密保持義務を課すことや営業会議等で社外への不正使用開示の禁止を徹底すること等で対応してきた。と主張するが、このことからわかるとおり、本件取引先関係情報は、従業員全員がアクセスできるものであり、「情報にアクセスできる者を制限していること」の要件が欠けていることは明らかである。

　　ii　また、原告がアクセス制限をしていなかった実際の理由は、原告では、各営業部門が取り扱う商品が密接に関連していることから、各営業部門または各営業部員が、取引先関係の情報を独自の情報として独占すると、原告全体として商機を逃すなどの営業上の障害となるため、原告内では、情報を共有化し、取引先関係の情報にアクセスできる者を限定する措置は採っていなかったということにあり、もと

もと、本件取引先関係情報にアクセス制限をする意図は全くなかった。原告における本件取引関係情報の管理は、これが社外に流出することを防止することを主眼にしていたというのは、「情報にアクセスできる者を制限していること」の要件を何らかの形で主張しなければならないことから、こじつけた理屈に過ぎず、この要件が欠けていることは明らかである。

(2) 原告が主張する「秘密管理性」の解釈の不当性

　ア　仮に、本件取引先関係情報が、目に見えない情報の組合せによって成り立っており、その組合せ如何によって情報そのものや情報の価値が刻々と変化するため、発明や技術のようにそれ自体の情報が確定しておらず、そもそも、営業秘密の範囲を確定し文書化等することが困難であるという事情があったとしても、文書化等により客観的に秘密として管理されていない情報は、その情報にアクセスする者に自由に使用開示できる情報という認識を抱かせる蓋然性が高く、このような情報を秘密と保護することは、従業員に予測不能の不利益を課する危険性が大きく、不正競争防止法の「秘密として管理していること」の解釈としては、あくまで、客観的に秘密として管理することが要求されていると考えるべきである。

　イ　そして、原告は、文書化等することが困難であるから、不正使用開示の防止策として、就業規則や営業会議等で不正使用開示の禁止を徹底することで対応しようと考えていたということであるが、これで「秘密管理性」を認めるとすれば、本件取引先関係情報は、文書等による営業秘密としての具体的指定がなく、その範囲が全く不明のまま、単に社外漏洩をしてはならないとの禁止規定・命令があるだけで保護されることになる。これは、結局のところ、本件取引先関係情報は、情報としての「有用性」さえあれば、そのすべてが「秘密と

して管理」された営業秘密であるということを認めるのと同じ結果になり、不正競争防止法第2条第6項が「秘密管理性」を要求した趣旨を没却する解釈であることは明らかである。

ウ　さらに、原告は、本件取引先関係情報の社内共有化の必要性から、原告における本件取引関係情報の管理は、これが社外に流出することを防止することを主眼とし、その方法は、就業規則上の営業秘密保持義務を課すことや営業会議等で社外への不正使用開示の禁止を徹底すること等であった旨主張する。

　ところで、就業規則には、「従業員は、職務上知り得た会社の営業秘密を正当な理由なく漏洩してはならない。」との記載があるだけであり、営業秘密については何らの定義もなされていない。しかしながら、原告の主張によれば、本件取引先関係情報が不正競争防止法上の「営業秘密」となるのは、就業規則において「営業秘密」の保持義務を課しているからだということであるから、これらは同義であると考えられる。そうであるとすれば、そもそも、就業規則上の「営業秘密」に該当するか否かは、不正競争防止法上の「営業秘密」に該当するか否かで決まるのであり、就業規則で不正競争防止法上の「営業秘密」保持義務を規定していること自体は、本件取引先関係情報が不正競争防止法上の「営業秘密」の秘密管理性とは関係のないことである。従って、就業規則において「営業秘密」の保持義務を課しているということは、本件取引先関係情報が不正競争防止法上の「営業秘密」となるために必要な秘密管理性の根拠とはなり得ないのである。そして、営業会議等で社外への不正使用開示の禁止を徹底していたとも主張するが、営業会議での指示の内容が就業規則の遵守等の抽象的なものに止まっている以上、結論に相違はない。

(3) 小括

　以上からすれば、原告においては、そもそも本件取引先関係情報を集約しておらず、「秘密として管理」しているという状態にはなかったから、原告が主張する本件取引先関係情報は、不正競争防止法上の「営業秘密」に該当しない。従って、仮に、被告が、これらの情報を、何らかの形で使用していたとしても、被告は、不正競争防止法上の営業秘密不正使用開示行為の違反をしたということにはならない。

2　不法行為（予備的請求）に対する反論
(1) 原告は、A社が原告の取引先との間で、短期間のうちに、独占的総販売代理店契約を成立させることができたのは、A社に、自らのリスク負担と経営努力があったからではなく、被告が、原告在職中に得た本件取引先関係情報を利用し、しかも、原告には、競合する他のメーカー品を扱う可能性があって、独占的総販売代理店契約を締結できない事情があることを知ったうえで、原告より有利な条件を提示すれば、独占的総販売代理店契約を容易に締結できそうな取引先だけを、いわば狙い撃ちで選択したからであり、被告の行為は、自らの実質的なリスク負担や経営努力なくして、単に原告の本件取引先関係情報を利用することによって、原告の取引先を奪取したものであって、到底、自由競争の範囲内に収まるようなものではなく、被告の行為は、自由競争を逸脱した不法行為であると主張する。
(2) しかし、本件取引先関係情報が、不正競争防止法上の「営業秘密」に該当しないことは前記のとおりであり、被告が本件取引先関係情報を使用開示した面があったとしても、これが不法行為を構成するものではない。また、原告と被告とは完全な自由競争であり、取引の成否はあくまでも供給者側のメーカーと需要側の顧客とのバランスの上に成り立っており、被告が本件

取引先関係情報に関し何らかの情報を有していたとしても、需要側が要求する価格、納期管理、対応の迅速性等、種々の要素が顧客側の選択肢の判断基準となっているものである。この点、原告は顧客に対する普段の営業努力を怠り、顧客のニーズに十分に応えられなかった為に、結果的に、その取引先が、被告と代理店契約を結んだのであって、被告を非難することは到底できないものである。A社が原告の取引先ないしは被告退職前までは原告の取引先であった米国、中国および国内の数社との間で、短期間のうちに、独占的総販売代理店契約を成立させることができたのは、A社が自らのリスク負担と経営努力によってなし得たことである。すなわち、原告の元取引先と独占的総販売代理店契約を締結した被告の行為は、自由競争の範囲内の行為であって、これを逸脱した不法行為であるとは到底いえないものである。

3 結語
よって、原告の請求は速やかに棄却されるべきものである。

付　属　書　類

1　答弁書副本　　　　　　　　　　　　1通
2　委任状　　　　　　　　　　　　　　1通

《参考文献》
① 経済産業省『営業秘密管理指針　平成17年10月12日改訂』
② 神戸地裁平成14年（ワ）第1790号競業行為差止等本訴請求事件・平成15年（ワ）第1271号退職金反訴請求事件平成16年4月21日判決

第4章 特許法・示談交渉法務

> **【「本書の使い方」(12頁) より】**
> 　特許に絡む事案を題材に、示談交渉の仕方を検討する。一見掴みどころがなく不利に見える事案であっても、あきらめずに有利な解決をめざす姿勢を学習する。
> 　ステップ1では、特許権を有するケースを題材に、法律上・事実上の問題点を検討しながら、通知書（警告書）を起案することを学習する。
> 　ステップ2では、特許権・実用新案権を有しないケースを題材に、法律上・事実上の問題点を検討しながら、通知書（警告書）を起案することを学習する。
> 　ステップ3では、ステップ2のケースについて相手方から来た回答書を題材に、示談する際の合意の内容を検討する。契約書の作成については、第2章において学習するので、ここでは、相手方の回答を前提とする中で、示談書に織り込むべき内容を検討する。

> ステップ 1

1 問題点の発見

(1) 目標の設定

　本設問において、X社代理人弁護士がY社に対して送付する通知書の内容は、当然、Y社の行為によってX社が被っている不利益を回避するためのものでなければならない。そして、X社が被っている不利益は、Y社が、X社の販売するハヤPUNCHと材質・形状・寸法がほぼ同一であるが、ハヤPUNCHより低価のヤスPUNCHを製造・販売していることに起因している。従って、X社としては、Y社によるヤスPUNCHの製造・販売行為を中止させるよう警告する内容のものとなることが最も効果的である。

(2) 設定した目標を達成するための根拠の検討

　次にすべきことは、設定した目標を達成するための根拠を検討することである。本設問の事案においては、X社は、本件特許権を有しているのであるから、まず、特許法上何等かの方法がないかを考えるのが素直である。

　そして、考えられるのは、特許権侵害となるのではないかということである。特許法についての知識が十分ではない場合、特許法の解説書に眼を通す必要があるが、その前に、特許法の条文を見てみることが望ましい。最近は、安直なハウツーものが多く出版されており、これらに頼る傾向が強いが、いやしくも法務の根底には法律があるわけであるから、法務に携わる者は、法律の条文に慣れ親しんでおくことをおろそかにしてはならない。特許法を見てみると、第4章特許権第2節権利侵害とあり、第100条の差止請求権の規定と第101条の侵害とみなす行為の規定があることがわかる。このようにして、条文上のめぼしをつけたうえで、各条文のコンメンタールや解説書にあたるべきである。

2 直接侵害

(1) 特許法第100条第1項

　コンメンタールや解説書を読むと、特許法第100条第1項は、直接侵害を規定したものであり、その内容は、大略、次のように理解できる。

　すなわち、特許法第100条第1項は、「特許権者…は、自己の特許権…を侵害する者…に対し、その侵害の停止…を請求することができる。」と規定する。ところで、「特許権を侵害する」か否かの判断は、対象物が、特許発明の技術的範囲に属するかどうかで判断される。そして、同法第70条第1項は、「特許発明の技術的範囲は、願書に添付した特許請求の範囲の記載に基づいて定めなければならない。」と規定する。さらに、同法第36条第5項は、「第2項の特許請求の範囲には、請求項に区分して、各請求項ごとに特許出願人が特許を受けようとする発明を特定するために必要と認める事項のすべてを記載しなければならない。…」と規定する。従って、特許権侵害が成立するためには、対象物が当該特許請求の範囲の構成要件すべてを充足するものでなくてはならないことになる。

(2) 本設問の事案へのあてはめ

　上記(1)を前提とすると、本件特許発明は、①装着部との接合のために特異な形状となっている取替式ヘッドと、②ヘッドが容易に交換できる取替式でありながら、ヘッドとの装着部分に各方向からの様々な力が働いても外れない構造になっているヘッド装着部付本体とで構成される岩盤用穴あけ装置の発明であるから、Y社のヤスPUNCHは、本件特許発明の構成要件の一部である①の取替式ヘッドの部分しか充足しないことになり、Y社のヤスPUNCHの製造・販売行為は、本件特許権の侵害行為とはならないことになる。すなわち、Y社のヤスPUNCHの製造・販売行為は、本件特許権全部を実施して岩盤用穴あけ装置全体を製造・販売するものではなく、本件特許権の一部を実施するものに過ぎず、それだけでは、本件特許権の侵害にはならないのである。

従って、X社が特許法第100条第1項に基づく直接侵害として、Y社に対し差止請求することはできないことになる。

3　間接侵害

(1) 特許法第101条の趣旨

　コンメンタールや解説書を読むと、特許法第101条は、間接侵害を規定したものであり、その内容は、大略、次のように理解できる。

　すなわち、特許法第101条は、「次に掲げる行為は、当該特許権…を侵害するものとみなす。」と規定したうえ、第1号は、「特許が物の発明についてされている場合において、業として、その物の生産にのみ用いる物の生産、譲渡等…をする行為」を掲げる。そして、これに該当する例として、機械Aの発明が複数の構成要件からなる場合に、機械Aにのみ使用する部品Bを業として製造・販売する行為が挙げられていることが多い。特許物の部品の製造・販売のみでは、直接侵害に当たらないとして、部品の製造・販売を完全に自由にしたのでは、部品の供給を受けた者が特許権侵害行為を行う可能性が高く、侵害の予備的な行為を放置することになりかねない。さらに、特許権は、「業として特許発明を実施する権利」である（特許法第68条参照）から、直接侵害は、それ自体が業としてなされることが要件であり、部品Bを使った機械Aの組立を個人的・家庭的に行わせることができるような場合には、これを狙って、部品Bを製造・販売する業者も全く侵害の責めを負うことがないという不都合が生じる。このような場合に対応するために一定の要件の下に特許侵害の成立を認めたのが、本条である。

(2) 本設問の事案へのあてはめ

　本設問の事案におけるスゴPUNCHとヤスPUNCHの関係は、まさに、上記(1)に記載された機械Aと部品Bの関係に相当しそうである。そこで、コンメンタールや解説書により、特許法第101条第1号の要件をより詳細に検討してみると、ことはそう簡単ではないことがわかる。すなわち、以下に見るように、間接侵害と直接侵害との関係につ

いての理解の相違等から、間接侵害の要件の解釈につき学説・判例が一定しない状況にあることが判明する。

ア　学説上の従属説と独立説の対立

　間接侵害の成立には、直接侵害の存在を必要とするか否かにつき見解の対立がある。

　　ⅰ　従属説

　　　間接侵害は、直接侵害に従属するもので、間接侵害が成立するためには、直接侵害の存在を必要とする説である。

　　　この考え方に立てば、本設問の事案においては、ヤスPUNCHを購入したユーザーのヘッド取替行為が特許権侵害を構成することが必要ということになる。そして、特許商品を購入した者は、商品を自由に使用することが認められる。ヘッド取替行為は、この使用の一環としてのスゴPUNCHの「修理」であって、スゴPUNCHの「生産」（本件特許権の実施（特許法第2条第3項第1号）としての生産）に当たらないのではないかということが問題となり、Y社のヤスPUNCH製造・販売行為が間接侵害となるとの結論をとれるかどうかは微妙である。

　　ⅱ　独立説

　　　間接侵害が成立するためには、直接侵害の存在を必要としないとする説である。

　　　この考え方に立てば、本設問の事案においては、ヤスPUNCHがスゴPUNCHの構成部分であり、スゴPUNCHにのみ使用されるものであると判断されれば、Y社のヤスPUNCH製造・販売行為は、間接侵害となる。

　　ⅲ　修正説

　　　独立説・従属説のいずれかの説を純粋に適用すると不合理な結果を生じるので、修正して適用すべきであるとする説である。

イ　判例

　判例の状況は、以下のとおり判然としない。

　　ⅰ　従属説に立つと思われる判例

　　　大阪地判平成元年4月24日判例時報1315号120頁（製砂機の

ハンマー）
    ii 独立説に立つと思われる判例
        東京地判昭和56年2月25日無体集13巻1号139頁（交換レンズ）
    iii 直接侵害の成立の可能性を論じないまま間接侵害を認める判例
        大阪地判平成11年5月27日判例時報1685号103頁（注射装置）

(3)「のみ」要件の解釈

　仮に、本設問の事案に特許法第101条第1号の適用があるとしても、間接侵害が成立するためには、さらに、「その物の生産にのみ用いる」との要件を満たすことが必要となる。

　そして、コンメンタールや解説書を読むと、「のみ」要件の解釈としては、その物の用途が、社会通念上、特許発明の実施以外に、商業的・経済的・実用的な用途はないことを意味するとするのが一般であることがわかる。

　本設問の事案においては、ヤスPUNCHが、その形状等からみて、スゴPUNCHに装着する以外に社会通念上、商業的・経済的・実用的な用途はないといえる場合には、「のみ」要件を満たすことになる。

4 基本的対応方針

　上記の検討によると、本設問におけるY社のヤスPUNCH製造・販売行為が直接侵害には該当しないことは明らかである。しかし、前記3(2)に記載したように、間接侵害の要件の解釈については学説・判例が一定せず、その理解に非常に困難な面があるものの、解釈の仕方によっては、Y社のヤスPUNCH製造・販売行為につき間接侵害が成立する可能性がないわけではないことがわかる。

　このように、法律解釈によって結論が分かれる事案である場合には、その法律解釈が確定した判例に反する等著しく不合理なものではなく、かつ、その法律解釈を取ることによる結果が、当該事案の解決として不合理であったり正義に反することが明らかであったりしない限り、クライアントの意向に沿う法律解釈を採用したうえ、理論構成を考えることが望まれる。そして、その際には、当該事案に類似した判例上

の事案を参考にすることが有益である。

5　通知書の起案

(1)　一般論

ア　法律構成の選択

通知書を起案する際には、前記4で述べたように、参考となる判例・学説の考え方に従って、法律構成をしたうえ、その法律構成に沿って事実をあてはめた通知書を作成することになる。なお、同じ結論に至ることができる法律構成が複数ある場合には、できるだけ判例等の実務において多数を占める説を採用する等、採用する法律構成は、できるだけ安定性のあるものを選ぶ方がよい。

イ　記載内容の程度

通知の相手方のレベル、動機等を総合的に勘案し、記載程度を決定することになる。相手方が悪質であるとか法律論を戦わせても意味のない者である場合には、結論のみを書いたに近い通知書でも足りるが、相手方がある程度理論武装等してきそうな場合には、将来、通知書自体が証拠となる可能性もあることから、十分な法律論を展開した方がよい。

ウ　請求内容の決定

通知書の内容として、何を織り込むかも考える必要がある。製造・販売行為の差止、損害賠償請求といった特許侵害の効果として、侵害者に請求できる事項を内容とするのが一般であるが、損害額の算定をするに足りる証拠が入手できていない場合には、これらの情報の提供を求めることも考えてよい。

(2)　本設問の事案の場合

大阪地判平成元年4月24日判例時報1315号120頁（製砂機のハンマー）の事案が参考になる。これに関する判例評論等（例えば後記参考文献③）を読んだうえ、適切な法律構成を採用し、通知書を起案することもひとつの方法である。なお、本設問の意図するところは、間接侵害に関する法律解釈を深めることにあるのではなく、実務上よく

遭遇する、法律解釈が確定しない場面において、どう対処するのかという観点からの工夫や姿勢を知ってもらいたいということにある。

(3) 通知書例

以上を前提に起案した通知書（警告書）の例を、以下に掲げる。

　　　　　　　　　　　　　　　　　　　　　平成 18 年 9 月 1 日

〒○○○-○○○○
○○市○○区○○町○丁目○番○号○○ビル○○階
株式会社 Y
代表取締役　○○　○○　殿

　　　　　　　〒○○○-○○○○
　　　　　　　○○市○○区○○町○丁目○番○号○○ビル○○階
　　　　　　　○○法律事務所
　　　　　　　弁　護　士　　○　○　○　○
　　　　　　　　　ＴＥＬ○○○-○○○-○○○○
　　　　　　　　　ＦＡＸ○○○-○○○-○○○○

　　　　　　　　　通　知　書[1]

拝啓　貴社ますますご清栄のこととお慶び申し上げます。[2]

---

1) 送付形式
　本文 5(1)イで述べたとおり、将来、通知書自体が証拠となる可能性もあることから、内容証明郵便として送付する方がよい。なお、紙面の都合上、本書は内容証明郵便の書式によっていない。
2) 全体の構成
　前書きにおいて、本人名と代理人であることを明示する必要がある。記載内容の全体的構成としては、1 において X 社の特許権、2 において Y 社の行為、3 において Y 社の行為の特許侵害行為性、4 において警告等を記載している。さまざまな構成が考えられるが、通知人の論理展開が明瞭になるような構成をすることが重要である。

さて、当職は、X株式会社（本店・〇〇市〇〇区〇〇町〇丁目〇番〇号〇〇ビル〇〇階、代表取締役・〇〇〇〇、以下「当社」といいます。）の代理人として、貴社に対し、以下のとおりご通知いたします。

1　当社は、登録番号〇〇〇〇〇〇〇号特許権（発明の名称・〇〇打撃式穴あけ機、以下「本件特許権」といい、その発明を「本件特許発明」といいます。）を保有し、本件特許発明を実施して、岩盤用穴あけ機「スゴPUNCH」（以下「スゴPUNCH」といいます。）を製造・販売しております。[3]

2　ところで、貴社は、遅くとも平成18年1月頃より、スゴPUNCHの取替式打撃ヘッドに使用されることを意図したヘッド「ヤスPUNCH」（以下「ヤスPUNCH」といいます。）を製造・販売しておられます。[4]

3　しかしながら、次に述べる理由から、貴社によるヤスPUNCHの製造販売は、「業として、本件特許発明である〇〇打撃式穴あけ機の生産のみに用いる物の生産、譲渡をする行為」（特許法第101条第1号）に該当し、本件特許権を間接的に侵害するものと考えられます。[5]

3)　X社の特許権侵害に関する通知であることから、X社の特許権を明示する必要がある。
4)　Y社による特許権侵害行為を問題とする通知であることから、Y社の問題行為を明示する必要がある。
5)　Y社の問題行為がX社の特許権を侵害する行為となる法律的根拠を述べる部分である。本文4・5(1)アで述べたとおり、本設問の事案も法律解釈の仕方によって結論が分かれる事案であることから、参考となる判例・学説の考え方に従って、クライアントの意向に沿う法律構成をしたうえ、その法律構成に沿って事実をあてはめた通知書を作成することになる。そして、Y社には、顧問弁護士がおり、反論をしてくることが推測できるということであるので、本文5(1)イで述べたところに従って、ある程度詳細な法律論を展開した。なお、本文5(2)で述べたとおり、本設問の事案の処理には、大阪地判平成元年4月24日判例時報1315号120頁（製砂機のハンマー）の事案が参考になるので、これに関する判例評論等（例えば後記参考文献③）を読んだうえ、法律構成をしている。
　この法律構成に従って、本設問の事案から、必要十分な事実を抽出して記載することが重要である。

(1)　本件特許発明は、①装着部との接合のために特異な形状となっている取替式ヘッドと、②ヘッドが容易に交換できる取替式でありながら、ヘッドとの装着部分に各方向からの様々な力が働いても外れない構造になっているヘッド装着部付本体とで構成される岩盤用穴あけ装置の発明であり、ヘッドが取替式である点に、その本質的部分があります。従前の同種の方法による岩盤用穴あけ機は、一定期間の使用を経るとヘッドが磨耗し、ヘッドを交換する必要が生じますが、その場合には、穴あけ機本体を分解して、穴あけ機本体と一体となっているヘッドを付け替える必要がありました。ところが、本件特許発明においては、ヘッドを取替式にすることにより、磨耗による消耗部分であるヘッドだけを交換することで、穴あけ装置全体の機能を維持することができ、ユーザーのコストを軽減することができるという特徴があります。

　このように、ヘッドが取替式である点が本件特許発明の本質的部分であることから、取替式ヘッドは本件特許権の重要な要素であり、ユーザーが使用するヘッドが磨耗した場合に、特許権者である当社が取替式ヘッドを提供することは、本件特許発明が当然に予定するものであります。現に、当社は、スゴPUNCHの販売の際には、ユーザーに対し、消耗部品である取替式ヘッド「ハヤPUNCH」(以下「ハヤPUNCH」といいます。)の単価・交換費用・耐用度を説明したうえ、販売後も、当社社員による巡回サービスを通じて、スゴPUNCHの良好な作動環境を提供し続け、ハヤPUNCHの予定交換時期が来れば、連絡をする等のアフターサービスを行なっています。

　以上の諸点からすると、スゴPUNCHの取替式ヘッドの交換は、スゴPUNCHの修理に過ぎないものではなく、本件特許権者である当社のみが専用している本件特許発明である○○打撃式穴あけ機の「生産」に該当するものといえます。

(2)　そして、ヤス PUNCH は、その形状等からすると、スゴ PUNCH に装着する以外に社会通念上、商業的・経済的・実用的な用途はなく、本件特許発明である○○打撃式穴あけ機の生産「のみ」に用いる物というほかありません。

　(3)　従って、貴社によるヤス PUNCH の製造・販売は、本件特許発明である○○打撃式穴あけ機の生産のみに用いる物の「生産、譲渡をする行為」に該当するものといえます。

4　以上より、ヤス PUNCH は本件特許権を間接的に侵害するものでありますから、当社は、貴社に対し、ヤス PUNCH の製造・販売を直ちに中止するよう通知いたします。また、本書到着後 10 日以内に、次の各事項につき、文書にて当職宛回答くださるようお願いいたします。[6]

　(1)　ヤス PUNCH の製造・販売を中止されたか否か。中止したとすれば、その日時。

　(2)　回答時点までのヤス PUNCH の販売単価・販売数量。

　(3)　ヤス PUNCH の販売単価に対する限界利益率。

　　なお、上記期間内に何らの回答もない場合には、当社としては、法的措置をとる所存ですので、予めご承知おきください。

敬具

---

[6]　本文1(1)で述べたとおり、X社の目標は、Y社によるヤス PUNCH の製造・販売行為を中止させることにあるので、請求内容の中心は、ヤス PUNCH の製造・販売行為の中止の警告となる。そこで、通知書4(1)において、警告に従った中止の有無・日時の回答を求めることとしている。さらに、X社は、損害額の算定をするに足りる証拠が入手できていないことから、通知書4(2)(3)において、これらの情報の提供を求めている。実際に損害賠償請求までする気がなくても、中止しない場合は、損害賠償請求をする用意があるといった姿勢を見せることも重要である。また、Y社が何らの対応もしてこない場合に備えて、回答に期限を付し、回答がない場合には、法的措置をとるとの警告をするのも一般的である。

《参考文献》

① 吉藤幸朔著・熊谷健一補訂『特許法概説』〔第13版〕有斐閣，2001年，456-463頁
② 村林隆一・松本司・岩坪哲・鎌田浩『新　特許権侵害訴訟の実務』通商産業調査会，2000年，152-159頁
③ 松尾和子「実用新案に係る物品（製砂機のハンマー）の消耗部分である部品（打撃板）を製造，販売する行為が，物品の製造にのみ使用するものを製造，販売する間接侵害行為であるとされた事例」『判例時報』1330号，1990年，219-250頁
④ 中山信弘「特許法101条の間接侵害の成否」『ジュリスト』820号，1984年9月1日，96-98頁

ステップ 2

1　基本的姿勢

　　X社もA社も、αボイラに関して、特許権も実用新案権も有していないということであるから、特許権・実用新案権に基づく請求をすることはできない。しかし、特許権・実用新案権がないというだけで、すぐにあきらめることをせずに、ほかに何等かの方法がないかを考えることが重要である。

2　考えられる主張とその検討

(1)　考えられる主張の列挙

　　そのためには、まずは、Y社の行為がX社の権利・利益を侵害するものとして考えられる根拠を、設問の3の事実から思いつくままに列挙してみるのがよい。そうすると、一応、次のようなものが考えられる。

　　ア　商標権侵害行為（商標法第37条）
　　イ　商品等主体混同惹起行為（不正競争防止法第2条第1項第1号）
　　ウ　形態模倣行為（不正競争防止法第2条第1項第3号）
　　エ　商品の品質等誤認惹起行為（不正競争防止法第2条第1項第13号）
　　オ　特許権侵害行為（特許法第100条・第101条）
　　カ　実用新案権侵害行為（実用新案法第27条・第28条）
　　キ　一般不法行為（民法第709条）

(2) **各主張の妥当性の検討**

次に、上記(1)の各主張が妥当なものであるかどうかを検討する。

ア **商標権侵害行為（商標法第37条）**

Y社は、βパッキンを販売するにあたって、X社が商標権を有しているαボイラについては、「**現在、御社にてご使用中のαボイラは、X社が米国のA社より技術供与を受け、日本国内で製造販売しております**」とか「**オリジナルのA社のαボイラ**」との説明をしているだけであって、αボイラの商標を使用しているわけでないことから、その商標権侵害の主張をすることはできない。また、X社は、βパッキンについては商標権を有していないことから、同じくその商標権侵害の主張をすることはできない。従って、商標権侵害を根拠とする主張は、妥当でない。

イ **商品等主体混同惹起行為（不正競争防止法第2条第1項第1号）**

Y社は、βパッキンを販売するにあたって、「**製造元のカナダのB社**」と明示しており、商品等主体混同惹起行為には該当しない。従って、商品等主体混同惹起行為を根拠とする主張は、妥当でない。

ウ **形態模倣行為（不正競争防止法第2条第1項第3号）**

βパッキンの商品形態に特徴がある場合には、形態模倣行為に該当する可能性があるが、X社は、約30年前からβパッキンを製造販売してきたというのであるから、βパッキンは、「日本国内において最初に販売された日から起算して3年を経過した商品」であり、Y社のβパッキン販売行為を形態模倣行為として、差止請求・損害賠償請求をすることはできない（不正競争防止法第19条第1項第5号イ）。従って、形態模倣行為を根拠とする主張は、妥当でない。

エ **商品の品質等誤認惹起行為（不正競争防止法第2条第1項第13号）**

X社の調査によると、①Y社の販売したB社製と称するβパッキンは、A社のαボイラの純正部品ではなく、②B社は、A社の系列会社としてαボイラの部品を専門的に製造していた事実はなく、③Y社の販売したB社製と称するβパッキンは、「性能的・寸法的に何の問題もない」とはいえない可能性があるということである。これらの事実に照らすと、Y社のβパッキンの広告である本件文書中の

「当社は、今般、あるルートよりオリジナルのA社のαボイラの部品βパッキンがお手ごろな価格で入手可能になりましたので、ご紹介いたします。製造元のカナダのB社は、A社の系列会社としてαボイラの部品を専門的に製造していましたが、近時、ある事情によってA社の傘下を離れ、独立することになりました。ついては、長年培ってきたαボイラの部品の製造技術を生かすべく、性能的・寸法的に何の問題もないオリジナルの部品を直接ユーザーの皆様に安価に供給しようということになりました。」との部分は、「商品の…広告…にその商品の…品質、内容…について誤認させるような表示をし」に該当し、Y社の行為は、商品の品質等誤認惹起行為（不正競争防止法第2条第1項第13号）に該当する可能性がある。従って、商品の品質等誤認惹起行為を根拠とする主張は、一応妥当性を持つと考えられる。

オ　特許権侵害行為（特許法第100条・第101条）

　　X社もA社も、αボイラに関して特許権を有していない。従って、特許権侵害行為を根拠とする主張は、妥当でない。

カ　実用新案権侵害行為（実用新案法第27条・第28条）

　　X社もA社も、αボイラに関して実用新案権を有していない。従って、実用新案権侵害行為を根拠とする主張は、妥当でない。

キ　一般不法行為（民法第709条）

　　「X社は、本件文書の記載内容を信じて、Y社の販売するβパッキンを購入した顧客から、αボイラにトラブルが発生したとの連絡をうけ、X社の担当者がその修理を行なった。厳密な意味での原因は不明であるが、従前のαボイラに見られない故障であり、B社製と称するβパッキンの品質不良が、Xが販売したαボイラ自体の故障を誘発した可能性がある。このことに照らすと、将来、顧客からX社にその無償修理を求めてくる可能性がある。」とのことである。このようなことが頻発した場合には、X社のαボイラの売上自体が減少する可能性もある。そして、この可能性は、Y社がX社からの警告に対し、βパッキンの販売自体を中止することはしないが、βパッキンがαボイラの純正部品ではないことを明示してβパッキンの販

売を継続することになった場合にも存続する。このような不良部品を販売することによって、aボイラの売上に悪影響を及ぼす行為は、一般不法行為（民法第709条）を構成する可能性がある。従って、一般不法行為を根拠とする主張は、一応妥当性を持つと考えられる。

3　具体的請求事項

(1)　より詳細な法律論・事実関係の検討

　ア　前記2の検討を経て、Y社の行為は、一応、商品の品質等誤認惹起行為（不正競争防止法第2条第1項第13号）と一般不法行為（民法第709条）に該当しそうである。次は、これらの各条項をより詳細に検討するとともに、その要件事実に該当する具体的事実を再検討することになる。そして、その際、訴訟になることを予想して、証拠の確認・収集、あるいは将来相手方の悪意を立証する手段として使用する等の新たな証拠の創生をすることも必要となる。本設問で問われている通知書も、訴訟になることを予想して、証拠の確認・収集あるいは新たな証拠の創生の機能を有するものと意識して起案がなされる必要がある。

　イ　商品の品質等誤認惹起行為を根拠として請求するとした場合、請求内容は、差止請求（不正競争防止法第3条）・損害賠償請求（同法第4条）となると考えられる。そして、これらの請求を理由付ける要件事実としては、前記2(2)エで述べた商品の品質等誤認惹起行為該当性に加えて、差止請求については、X社がY社の商品の品質等誤認惹起行為によって営業上の利益を侵害され、または侵害されるおそれがあることが必要であり（同法第3条）、損害賠償請求については、Y社の故意・過失とY社の商品の品質等誤認惹起行為によるX社の営業上の利益の侵害（損害の発生と因果関係）が必要である（同法第4条）。しかし、実際上、X社の営業上の利益の侵害の事実およびY社の商品の品質等誤認惹起行為とX社の営業上の利益の侵害との間の因果関係の立証は容易ではない。

　ウ　また、一般不法行為を根拠として請求するとした場合、Y社の故意・過失行為、X社の損害、これらの間の因果関係の存在が当然必要と

なる。しかし、実際上、X社の損害および因果関係の立証は容易ではない。

エ　これらを踏まえて、通知書の構成を検討することとする。

　本設問の事案において本来X社が求めたい事項は、Y社によるβパッキンの販売の全面的中止である。そして、仮にこれが無理であったとしても、Y社によるβパッキンのαボイラの純正部品としての販売の中止は求めたい。そして、αボイラの純正部品としての販売の中止は、商品の品質等誤認惹起行為を根拠として主張することが可能である。他方、Y社の行為が一般不法行為に該当する可能性は、現時点においては、証拠上も未だ十分ではない。従って、通知書の構成は、商品の品質等誤認惹起行為を中心に考えた方が説得力がある。

　しかし、前記2(2)キで述べたとおり、Y社がX社からの警告に対し、βパッキンの販売自体を中止することはしないが、βパッキンがαボイラの純正部品ではないことを明示することとした場合には、X社は、もはや商品の品質等誤認惹起行為を根拠として差止を請求することはできないことから、Y社がβパッキンの販売を継続してくる可能性もある。そこで、Y社が不良部品を販売することによって、X社のαボイラの売上に悪影響を及ぼす行為は、一般不法行為を構成する可能性があることも同時に主張しておけば、Y社がβパッキンの品質に自信を有していないような場合には、X社からの損害賠償を恐れて、Y社がβパッキンの販売を全面的にギブアップすることもあるかも知れない。

(2) 請求事項の検討

　次に、通知書に記載すべき具体的請求事項を検討することにする。これには、通知書による本来的請求事項である差止に実効性を持たせるためのものと、上記(1)アで述べた証拠収集のためのものとが考えられる。Y社には回答義務はないものの、虚偽の説明をして販売している事案であることから、Y社がある程度柔軟な対応をしてくる可能性があり、回答を求める形での請求をすることも有効である。

(3) 通知書例

以上を前提とした通知書の例を、以下に掲げる。

平成 18 年 9 月 1 日

〒○○○○－○○○○
○○市○○区○○町○丁目○番○号○○ビル○○階
株式会社 Y
　　代表取締役　○　○　○　○　殿

　　　　　　　〒○○○○－○○○○
　　　　　　　○○市○○区○○町○丁目○番○号○○ビル○○階
　　　　　　　○○法律事務所
　　　　　　　　弁　護　士　　○　○　○　○
　　　　　　　　　　TEL○○○－○○○－○○○○
　　　　　　　　　　FAX○○○－○○○－○○○○

　　　　　　　　通　知　書[1]

　拝啓　貴社ますますご清栄のこととお慶び申し上げます。[2]
　　さて、当職は、X株式会社（本店・○○市○○区○○町○丁目○番○号○○ビル○○階、代表取締役・○○○○、以下「当社」といいます。）の代理人として、貴社に対し、以下のとおりご通知いた

---

1) 送付形式
　本文3(1)アで述べたとおり、将来、通知書自体が証拠となる可能性もあることから、内容証明郵便として送付する方がよい。なお、紙面の都合上、本書は内容証明郵便の書式によっていない。
2) 全体の構成
　前書きにおいて、本人名と代理人であることを明示する必要がある。記載内容の全体的構成としては、1においてX社の立場、2においてY社の行為、3においてY社の行為の虚偽性、4において商品の品質等誤認惹起行為該当性、5において一般不法行為該当可能性、6において警告等を記載している。さまざまな構成が考えられるが、通知人の論理展開が明瞭になるような構成をすることが重要である。

します。
1 当社は、米国のA社から、A社の主力製品であるαボイラとその純正部品の独占的製造販売ライセンスの設定を受け、これらを製造販売するボイラ製造販売会社であります。[3]
2 ところで、今般、当社は、貴社が、当社からαボイラを購入し使用中の顧客に対し、次の内容の文書（以下「本件文書」といいます。）を配布して、αボイラの部品であるβパッキンの購入を勧誘し、販売しているとの情報に接しました。[4]

【αボイラご使用中のユーザーの皆様へ】

　さて、現在、御社にてご使用中のαボイラは、X社が米国のA社より技術供与を受け、日本国内で製造販売しておりますが、部品であるβパッキンの価格が高いのが難点であります。

　ところが、当社は、今般、あるルートよりオリジナルのA社のαボイラの部品βパッキンがお手ごろな価格で入手可能になりましたので、ご紹介いたします。

　製造元のカナダのB社は、A社の系列会社としてαボイラの部品を専門的に製造していましたが、近時、ある事情によってA社の傘下を離れ、独立することになりました。

　ついては、長年培ってきたαボイラの部品の製造技術を生かすべく、性能的・寸法的に何の問題もないオリジナルの部品を直接ユーザーの皆様に安価に供給しようということになりました。

　当社としては、このことはαボイラご使用中のユーザーの皆様にとって必ずやメリットのあることではないかと考え、ここにご案内申し上げる次第です。

　平成18年4月1日

[3] X社の営業上の利益侵害に関する通知であることから、X社が営業上の利益を有する立場であることを明示する必要がある。
[4] Y社による不正競争行為ないし不法行為を問題とする通知であることから、Y社の問題行為を明示する必要がある。

株式会社Y営業第1部

3 そこで、当社において、事実関係を調査したところ、以下の各事実が判明しました。すなわち、本件文書の記載には、次の各点において、事実に反する内容が含まれていることになります。[5]
　(1) 貴社の販売したB社製と称するβパッキンは、A社のαボイラの純正部品ではないこと。
　(2) B社は、A社の系列会社としてαボイラの部品を専門的に製造していた事実はないこと。
　(3) 貴社の販売したB社製と称するβパッキンは、「性能的・寸法的に何の問題もないオリジナルの部品」とはいえないこと。
4 前記3の事実に照らすと、貴社の前記2の本件文書の記載内容は、不正競争防止法第2条第1項第13号の「商品の…品質、内容…について誤認させるような表示」に該当します。そして、αボイラおよびその純正部品の製造販売会社である当社は、貴社による前記2の行為（以下「本件行為」といいます。）によって、αボイラの純正部品であるβパッキンの販売に関連して営業上の利益を侵害されまたは侵害されるおそれがあります。[6]
5 また、当社は、本件文書の記載内容を信じて、貴社の販売するβパッキンを購入した顧客から、貴社の販売したβパッキンを使用したことに伴いαボイラにトラブルが発生したとの連絡をう

---

[5] 本文3(1)エで述べたとおり、Y社の問題行為の商品の品質等誤認惹起行為該当性が明らかな事案であることから、商品の品質等誤認惹起行為を中心に構成することとし、本設問の事案から、その根拠として必要十分な事実を抽出して記載している。

[6] Y社の問題行為が商品の品質等誤認惹起行為に該当することと、本文3(1)イで述べた差止請求（不正競争防止法第3条）のための要件事実を記載している。なお、Y社による商品の品質等誤認の表示は、本件文書の配布（広告）においてなされていることは明らかであるが、βパッキン自体には表示してはいない可能性が高い。しかし、X社の希望は、Y社が本件文書の配布（広告）のみを中止することではなく、βパッキンの販売自体を全面的に中止することであるから、若干粗っぽいやり方ではあるが、戦術的に、差止請求の根拠となるY社の商品の品質等誤認惹起行為を、本件文書の配布（広告）のみに限定せず、広くβパッキンの販売（商品の譲渡）を含めて、"前記2の行為（以下「本件行為」といいます。）"としている。

け、当社の担当者がその修理を行ないました。このことに照らすと、B社製と称するβパッキンの品質不良が、当社が販売したαボイラ自体の故障を誘発し、顧客から当社にその無償修理を求めてくる可能性があり、さらには、一般顧客が部品だけではなくαボイラ自体の機能に不信感を抱く結果、αボイラ自体の販売にも悪影響が出てくるおそれがあります。[7]

6　つきましては、当社は、貴社に対し、本件行為を直ちに中止するよう通知いたします。また、本書到達後10日以内に、次の各事項につき、文書にて当職宛ご回答くださるようお願いいたします。[8]

(1)　本件行為に至った経緯
(2)　本件文書の配布日および配布先
(3)　B社製と称するβパッキンの納入実績（納入日・納入先・数量・販売代金額）
(4)　貴社がとった措置

　なお、上記期間内に何らの回答もない場合には、当社としては、法的措置をとる所存ですので、予めご承知おきください。

　　　　　　　　　　　　　　　　　　　　　　　　　　　敬具

[7]　本文3(1)エで述べたとおり、一般不法行為を構成する可能性があると主張すれば、場合によっては、Y社がβパッキンの販売を全面的にギブアップすることもあるかも知れない。しかし、これを断定することもできない状況にあることから、一般不法行為該当性を暗示する程度の内容の記載とした。

[8]　X社の希望は、Y社が本件文書の配布（広告）のみを中止することではなく、βパッキンの販売自体を全面的に中止することであるから、通知書の4に対応して、戦術的に、差止請求の対象を、本件文書の配布（広告）のみに限定せず、広くβパッキンの販売（商品の譲渡）を含めた、本件行為としている。

　また、本文3(2)で述べたとおり、通知書による請求事項には証拠収集のためのものもあり、Y社には回答義務はないものの、虚偽の説明をして販売している事案であることから、Y社がある程度柔軟な対応をしてくる可能性があり、将来法的措置をとるための事実確認や損害賠償請求等に備えて通知書の6(1)ないし(4)につき回答を求める形での請求をしている。

　さらに、Y社が何らの対応もしてこない場合に備えて、回答に期限を付し、回答がない場合には、法的措置をとるとの警告をするのも一般的である。

ステップ 3

1 示談交渉のための基本手順

(1) Y社の反応の分析

　X社がY社と示談交渉を始める前にしなければならないことは、X社の請求に対するY社の反応を分析することである。そのためには、X社代理人弁護士がY社に送付した149頁記載の通知書（以下、「X社通知書」という）に記載した事項にY社がどのように回答しているかを分析することが重要である。

ア　X社通知書記載事項とY社回答書記載事項との対応関係の整理と分析

　まずは、X社通知書の6でY社に請求した事項と32頁記載のY社の回答書（以下、「Y社回答書」という）記載事項との対応関係を整理してみることが有用である。この作業により、Y社の姿勢を理解することが容易になる。X社の請求あるいは主張事項に対するY社の回答内容の詳細さの有無・強弱等により、Y社の姿勢の強弱、Y社の弱点等が見えてくる。下記①ないし⑤の「→」で記載された部分は、Y社の回答から推測できるY社の姿勢である。

① 本件行為の中止請求

　Y社の回答：X社と何らかの合意をした上でB社製βパッキンの販売を継続したい（Y社回答書の6）。Y社は、Y社の販売したB社製βパッキンを原因として、αボイラ本体の故障を誘発したという報告は受けておらず、Y社としては、Y社の販売したB社製βパッキンについてのクレームは、誠意を持って個別に対応する（Y社回答書の5）。

　→Y社は、B社製βパッキンの販売を継続する。しかし、そのためには、X社に何らかの譲歩をしなければならないことも理解している。

② 本件行為に至った経緯

　Y社の回答：Y社は、平成18年4月から、B社製βパッキン

を香港のC社から輸入し販売を開始したが、取引開始時点で、C社から、B社がA社の系列会社であり、βパッキンがオリジナルのA社の部品であるとの説明を受け、それを信用し、性能テストを行なった上で、販売を開始した（Y社回答書の1）。

　→Y社の本件文書配布による商品の品質等誤認惹起行為は、少なくとも故意に基づくものではなく、X社に対し損害の賠償（不正競争防止法第4条）をするつもりはなさそうである。

③　本件文書の配布日および配布先

Y社の回答：Y社は、販売開始の平成18年4月1日に、【αボイラご使用中のユーザーの皆様へ】という文書を15社に対し配布したが、配布したのは、この時だけである（Y社回答書の1）。配布した15社は、「文書配布先等一覧表」（以下、「一覧表」という）記載のとおりである（Y社回答書の4）。

　→本件文書の配布先は、正直に回答する。しかし、Y社の本件文書配布による商品の品質等誤認惹起行為は、回数・配布先の範囲からみて、その不正競争行為の程度は軽度である。

④　B社製βパッキンの納入実績（納入日・納入先・数量・販売代金額）

Y社の回答：B社製βパッキンの納入実績（納入日・納入先・数量）は、一覧表記載のとおりである。ただし、販売代金額については、営業上の必要により回答できない（Y社回答書の4）。

　→B社製βパッキンの納入実績（納入日・納入先・数量）については、正直に回答する。しかし、販売代金額については、今後の営業に影響があるだけではなく、損害賠償の証拠をX社に与えることにつながるので回答しない。

⑤　Y社が取った措置

Y社の回答：X社の指摘を受け、B社がA社の系列会社であったか否かを調査したところ、B社はA社の系列会社とまではいえず、オリジナルのA社の部品ではないことが判明した（Y社回答書の2）。そこで、Y社は、平成18年9月25日、文書を配布した15社に対し、事実と異なった内容が含まれていたことを指摘し、その内容を訂正する旨の文書を送付した（Y社回答書の3）。

→ Y社の本件文書配布による商品の品質等誤認惹起行為は、少なくとも故意に基づくものではなく、X社の指摘を受け直ちに是正措置を取った。従って、Y社による商品の品質等誤認惹起行為の継続はない。

 イ　Y社の反応の分析のまとめ

　　上記アの作業を通して、Y社の反応を分析すると、次のようにまとめることができる。

　i　B社製βパッキンがA社のαボイラの純正部品でないことは認め、Y社の本件文書配布は、商品の品質等誤認惹起行為に該当する可能性は認める。

　ii　本件文書配布による商品の品質等誤認惹起行為については、既に是正措置を取っており、Y社による商品の品質等誤認惹起行為の継続はなく、Y社は、B社製βパッキンの販売を継続する。

　iii　既に販売したB社製βパッキンに関して、Y社は、X社に損害賠償をするつもりはない。

　iv　Y社は、B社製βパッキンを原因とするαボイラ本体の故障の事実の報告は受けておらず、不法行為に基づくB社製βパッキンの販売中止や損害賠償をするつもりはない。

(2)　Y社の反応に対するX社の対応方針

　X社が次にしなければならないことは、上記(1)のY社の反応の分析に基づき、これに対するX社の対応方針を検討することである。

 ア　基本方針の決定

　　まず、X社として、X社の有する攻撃方法とY社の反応を総合的に判断して、Y社に対し訴訟等の法的手段を取る方が適切であるのか、あるいは、何らかの合意をして示談解決をする方が適切であるのかを決定する必要がある。

　　そして、本設問においては、① 上記(1)イiiのとおり、Y社は、今後、商品の品質等誤認惹起行為を継続する意思はなく、B社製βパッキンがA社のαボイラの純正部品でないことを認めて、その販売を継続した場合には、X社は、不正競争防止法に基づく差止請求はできず、また、② 上記(1)イiiiのとおり、Y社は、損害賠償に応じる気配はな

く、X社としても、販売個数からみて請求額が僅少で、費用のわりに大きな効果が期待できず、さらに、③上記(1)イivのとおり、Y社は、不法行為に基づくB社製βパッキンの販売中止や損害賠償をするつもりはないところ、X社には、現在のところ、これを訴訟で請求できるだけの攻撃方法がないことから、X社としては、訴訟等の法的手段を取るより、何らかの合意をして示談解決をする方が適切である。

イ 合意内容の検討

では、示談解決をするとして、X社としては、どのような合意をするのが適切かつ可能であろうか。上記(1)イのY社の反応の分析事項ごとに、検討する。

i 上記(1)イiに対し

Y社は、B社製βパッキンがA社のαボイラの純正部品でないことを認め、Y社の本件文書配布は、商品の品質等誤認惹起行為に該当する可能性は認めており、また、Y社の過去の不適切な行為とその是正措置を取ったことの事実確認をしておくのが、将来、再度Y社がX社に損害を与える行為等をした場合の証拠として有用であることから、Y社に、これらの事実確認を要求するのが適切である。

ii 上記(1)イiiに対し

B社製βパッキンの販売を継続したいというのであれば、A社の純正部品ではなく、B社製であることを明記する旨の約定をしてもらう必要がある。Y社がこの約定をした場合、X社としては、Y社のB社製βパッキンの販売を阻止することはできないが、法律上これ以上の要求はできないことから、何も約定しないより、この限度で妥協するのが適切である。

iii 上記(1)イiiiに対し

上記ア②で述べたとおり、X社としては、Y社のβパッキンの販売実績の僅少さに照らし、損害賠償にこだわらない方がよく、Y社の対応によっては、示談の合意内容としない方が適切である。

iv　上記(1)イ ivに対し

　　　Y社の反応は、B社製βパッキンを使用したαボイラ本体に故障があったとしても、当然には、B社製βパッキンが原因であるとは認めないという趣旨を含んでいるものと考えられる。しかし、X社としては、現時点において、B社製βパッキンを使用した場合にαボイラ本体に故障が生じる危惧を有している以上、法律上は当然の内容ではあっても、B社製βパッキンが原因でαボイラ本体に故障が生じた場合の処理を想定した何らかの処理条項を含ませることを要求することが適切である。

2　合意書例

　以上を前提とした合意書の例を、以下に掲げる。

合　意　書

　X株式会社（以下「甲」という）と株式会社Y（以下「乙」という）とは、αボイラに関する件につき、次のとおり合意する。

第1条[1]　甲は、乙に対し、乙が本合意書の各条項を遵守することを条件に、乙がαボイラ用部品であるB社製のβパッキン（以下「B社製βパッキン」という）を販売することを認める。

第2条[2]　甲と乙とは、下記の①ないし④の各事実が存在したことを確認する。

記
　①　乙は、平成18年4月頃、乙が販売を開始したB社製βパッ

---

1) 本文1(2)イ iiの対応方針に従った規定である。
2) 本文1(2)イ iの対応方針に従った規定である。

キンに関し、オリジナルのαボイラと誤解を招く書面を別紙文書配布先等一覧表（以下「一覧表」という）記載の 15 社に配布したこと。
② 乙は、平成 18 年 9 月 25 日頃、上記①の書面記載の事実を訂正する文書を一覧表記載の 15 社に配布したこと。
③ 乙は、平成 18 年 5 月 6 日から 8 月 22 日の間に、一覧表記載のとおり B 社製 β パッキンを販売したこと。
④ 甲と乙との間で、双方代理人を通じて、本合意書末尾添付資料 1 および 2 の各文書のやり取りがなされたこと。

第 3 条[3] 乙は、本合意後、B 社製 β パッキンを販売する場合には、同部品上およびその販売に使用する見積書、価格表、パンフレット等対外的に配布する文書上に、同部品が B 社製であることが明らかになるような表示を施す。

第 4 条[4] 乙が販売した B 社製 β パッキンを組み込んだことを原因として甲の販売した α ボイラ本体の機能に障害が生じまたは α ボイラ本体に毀損が生じた場合には、乙は、当該機能障害または毀損の生じた α ボイラを使用する顧客に対し、当該機能障害または毀損と相当因果関係を有する損害について賠償の責めを負う。

2 前項の場合、甲が前項の顧客に対し、当該機能障害または毀損に基づく当該顧客の損害につき、何らかの負担ないし支出をしたとき、乙は、甲のなした負担ないし支出のうち、乙が販売した B 社製 β パッキンを組み込んだことと相当因果関

---

[3] 本文 1(2)イ ii の対応方針に従った規定である。X 社としては、「B 社製である」ことだけではなく、「A 社の α ボイラの純正部品でないこと」が判明する明示を求めたいところであるが、Y 社としては、通常は、そこまで応じることはない。

[4] 本文 1(2)イ iv の対応方針に従った規定である。X 社としては、第 4 項の立証責任を Y 社に負担させたいところであるが、現時点において、Y 社がそこまで応じることはないので、法律上当然の事項を規定するに終わっている。しかし、全体として、Y 社による B 社製 β パッキンが α ボイラ本体に悪影響を生じさせる危険性を孕むものであることを Y 社に認識させておくことに意義がある。

　　　　係を有する部分について填補する。
　　　3　第1項の場合が生じた結果、甲に何らかの直接損害が発生
　　　　した場合、乙は、甲に対し、乙が販売したB社製βパッキン
　　　　を組み込んだことと相当因果関係を有する損害について賠償
　　　　の責めを負う。
　　　4　第2項または前項の各相当因果関係および損害額の立証責
　　　　任は、甲が負担する。
第5条 [5)]　甲と乙とは、甲と乙との間には、本合意日現在判明して
　　　　いる限り、本合意書記載事項のほか本件に関し何らの債権債
　　　　務がないことを相互に確認する。
第6条 [6)]　甲と乙とは、本合意後、相互に不正競争防止法に抵触す
　　　　る行為を行なわないことを相互に確認する。
第7条 [7)]　甲と乙とは、本件に関して訴訟の必要が生じた場合には、
　　　　○○地方裁判所を第一審裁判所とすることに合意する。
第8条 [8)]　甲と乙とは、本件に関して問題が生じた場合、誠実に協
　　　　議を行なうことを約する。

　本合意を証するため、本合意書を2通作成し、甲乙各代表者により記名・捺印のうえ、各1部を保有する。

　　　　　　　　　　　　　　　　　　　　平成18年10月31日

5)　いわゆる清算条項である。示談契約を締結する主要な目的は、当該示談契約で約束した事項以外には、契約当事者間に何らの債権債務関係がないことを相互に確認することにより、紛争を解決することにある。本文1(2)イⅲの対応方針に従って、損害賠償請求をしないこととしている。
6)　不正競争行為をしたのは、Y社であるが、Y社に不正競争行為をしないことを約束させるために、X社も不正競争行為をしないことを約束することにしている。
7)　合意管轄規定であるが、X社としては、自己に有利な地方裁判所としたいところである。
8)　予見しがたい事項が生じた場合に、直ちに訴えを提起するのではなく、協議することを義務付けた規定である。

```
           ○○市○○区○○町○丁目○番○号○○ビル○階
    甲    X株式会社
          代表取締役      ○ ○ ○ ○ ㊞


           ○○市○○区○○町○丁目○番○号○○ビル○階
    乙    株式会社Y
          代表取締役      ○ ○ ○ ○ ㊞
```

(別紙)

文書配布先等一覧表

番号	文書配布先会社名	B社製βパッキン納入日	数量
1	D	平成18年5月6日	1
2	E	平成18年5月8日	2
3	F	平成18年5月15日	1
4	G	平成18年5月22日	4
5	H	平成18年6月1日	1
6	I	平成18年6月4日	1
7	J	平成18年6月17日	1
8	K	平成18年6月22日	3
9	L	平成18年6月29日	2
10	M	平成18年7月2日	1
11	N	平成18年7月4日	1
12	O	平成18年7月10日	2
13	P	平成18年8月22日	1
14	Q	—	—
15	R	—	—

資料1　　平成18年9月1日付通知書（省略）
資料2　　平成18年10月1日付回答書（省略）

第5章 独占禁止法・法律相談法務（意見書作成）

【「本書の使い方」（13頁）より】

　ビジネス法務において重要であるにもかかわらず理解が困難といわれる独占禁止法について概観したうえ、具体的ケースについての法律相談に対する回答を意見書の形にまとめることにより、独占禁止法の考え方を学習し、法律相談法務への対応を体験してもらう。

　ステップ1では、企業法務における法律相談の位置づけを検討する。

　ステップ2では、独占禁止法を概観したうえ、具体的ケースにおいて独占禁止法上の問題点の検討の仕方を学習する。

　ステップ3では、ステップ2での独占禁止法上の問題点の検討を踏まえて、意見書の起案の仕方を学習する。

ステップ 1

企業法務における法律相談の位置づけについて

　企業法務に限らず、弁護士を交えた法務処理のほとんどは、法律相談から始まるといってよい。企業法務の内容から見た場合、第1章ステップ1の2（2）イvに「法律相談法務」が、企業法務の一つの形態として分類してあるが、他の形態の法務であっても、出発点は、ほとんどが法律相談である。

　そして、企業法務における法律相談では、当然、第1章ステップ1の4で述べた「企業法務の特徴」が全て妥当することになる。特に、企業によっては、その法律問題が、高度・先進的であり、かつ迅速性が要求されることとも相俟って、企業内部の担当者も、弁護士に相談する際には、ある程度ポイントを押さえて法律相談をすることが必要となる。さらに、企業が、弁護士に対して法律相談をする場合、意見書の作成を求める場合が多い。これも第1章ステップ1の4（1）viiおよび（2）vの文書化の要求の一形態といえる。

　これに対し、弁護士は、法的問題点を指摘したうえで、自己の法的な見解を示すこととなる。もちろん、その法的見解は、最終的には、裁判所において争った場合を念頭に置き、その結果を予想するものとして示すこととなるが、前提となる事実関係が確定していないこと等から、必ずしも断定的な判断を提示できるとは限らない。企業としては、このような弁護士の意見を考慮して、その意思決定をすることとなる。

ステップ 2

1　独占禁止法について

（1）独占禁止法の重要性

　第3章で解説した不正競争防止法とともに、公正かつ自由な競争のための規制の大きな柱として、独占禁止法による規制がある。

　この法律も、民法や商法などの法律とは、大分毛色が異なり、自分

の私的な生活のレベルでは、関わることが少ない分野でもあるため、イメージすることが難しく、基礎的な法律の勉強をマスターした者であってもとっつきにくいものがあると思われる。

しかし、企業に入り、ビジネスに携わる者としては、独占禁止法に無関心ではいられない。業界での競争に打ち勝つために一生懸命になっていたら、独占禁止法に違反する状態になっていたということで、思わぬ形で足元をすくわれる危険もある。

特に、平成18年に改正独占禁止法が施行され、従来よりも独占禁止法違反に対する課徴金が大幅にアップされている他、課徴金減免制度も採用されるなど、企業へ与える影響が大きい。そのため企業としても、コンプライアンスの制度に組み入れることが必要であるし、個々の担当者としても、独占禁止法に対する十分な知識を備え、注意を払うことが必要である。

(2) 独占禁止法の概略

第3章3 (1) においても同趣旨のことを述べたが、独占禁止法関連の事案の処理をすることになったものの、独占禁止法についての知識がなかった場合には、まずは、同法についての簡単な概説書を購読する等して、その概略を理解することが重要である。そして、独占禁止法の概略については、まずは、以下の「独占禁止法の概略」程度を理解すれば十分である。

ア　独占禁止法の目的

独占禁止法の第1条においては、目的が以下のように示されている。

「…公正且つ自由な競争を促進し、事業者の創意を発揮させ、事業活動を盛んにし、雇傭及び国民実所得の水準を高め、以て、一般消費者の利益を確保するとともに、国民経済の民主的で健全な発達を促進することを目的とする。」（独占禁止法第1条）

日本に限らず、自由経済の社会においては、市場において企業が消費者に商品等を購入してもらえるように競争を行うことが予定されており（消費者は、日常生活において、安くて良い商品等を求め

ている)、その競争により経済が発展する。

　例えば、ある商品を扱う企業の大半がその価格を一定にして、値上げしないとの協定を結ぶと、競争がなくなることから、性能の向上、コストダウン等の努力を怠ることとなり、消費者は、高い商品を購入せざるを得なくなるうえ、海外の企業との競争に敗れて、結局はその業界全体の衰退を招くこととなりかねない。従って、経済の効率的な運営のためには、競争が欠かせないのである。

　そして、競争の阻害は、日本経済の衰退にもつながることとなる(特に国際的な競争が激化している現在においては、その危険は大きい)。

　独占禁止法は、競争が阻害されないよう規制し、競争を促進することを目的とした法律なのである。

　従って、独占禁止法に違反しているか否かを考える際にも、問題となっている行為がどのような形で競争に対して影響を与えるかを考えなければならない。すなわち、個々の規定の形式的な文言のみに目を奪われるのではなく、市場において、問題になっている行為を行っている者を中心として、どのような市場構造になっているか、その行為が、どのような競争に対して、具体的にどのような影響を有するかを検討することが重要である。

イ　独占禁止法による規制内容

i　独占禁止法が、競争が阻害されないよう規制する法律であるとして、保護されるべき「競争」とは、どのような競争をいうのであろうか。

　「競争」の意義については、第2条第4項に規定されている。同規定における「競争」は、「一定の取引分野を構成し、その範囲を画定する概念としての意義を有する。換言すれば、市場を構成する供給者群に、どの事業者が含まれるかを画定する意義をもつ。この競争には、顕在的な競争だけでなく、潜在的な競争も含まれる。(旭硝末資料事件・東京高判昭61・6・13)。ただし、その範囲が広がりすぎないように、2条4項は…『通常の事業活動の範囲内において、かつ、当該事業活動の施設又は態様に重要な変更を加えることなく』との限定を付している。」(金井貴嗣「独占禁止法」第

二版23頁)。

　また、前述した第1条においては、「公正且つ自由な競争を促進」することが規定されている。公正な競争とは、価格・品質サービスによる能率競争を意味し、自由な競争とは、誰でも自由に事業を始められ、価格、数量、販売先などを自由に決めることができることを意味する。独占禁止法は、公正かつ自由な競争が阻害されないよう規制しているということができる。

ⅱ　独占禁止法では、以下の3つの規定により、公正かつ自由な競争の阻害を規制している。企業結合規制などの規制もあるが、中心となるのは、以下の3つの規定である。

①　私的独占（独占禁止法第3条前段、第2条第5項）

　私的独占とは、私的に独占することだと考えると混乱してしまう。条文を見ると、「事業者が、…いかなる方法をもってするかを問わず、他の事業者の事業活動を排除し、又は支配することにより、…一定の取引分野における競争を実質的に制限することをいう」とされている。「排除」または「支配」して、「競争を実質的に制限する」ことが基本であって、特に、シェアを独占したりする必要はない。

　例えば、携帯電話販売や有線放送などで、商売敵の企業の商品から自社に乗り換える場合にのみ、価格を引き下げる場合などに、「排除」性が問題になる。

②　不当な取引制限（独占禁止法第3条後段、第2条第6項）

　いわゆるカルテル（事業者が話し合いによって競争しないことを取り決めること）に対する規制である。

　カルテルの類型は多種多様であり、価格競争をやめてしまう価格カルテルが典型であるが、価格に限らず、販売や生産数量、技術、製品、設備等の取り決めも含まれる。競争入札において、予定価格等を決定する入札談合もこの規定による。この規制については、近年の談合事件に関係して、新聞やテレビ等でも度々報道されている。

　第2条第6項では、上記①の私的独占と同様、「競争を実質

的に制限すること」が要求されている。

　なお、「拘束」の内容については、価格、数量のみならず、例えば、入札等で落札した者は、敗れた者に対し、受注の一部を下請させるといった内容の合意も含まれる。また、多くの場合に問題となるが、「共同して」というためには、明確な形で合意書等の形で明確に合意される場合だけでなく、会合の開催や情報交換でおのおのが他の者の行動を予測し、これと歩調を揃える意思で同一の行動に出たような場合にも成立する。きちんとした合意がないから問題がないということにはならないのである。

③　不公正な取引方法（独占禁止法第19条、第2条第9項）

　不公正な取引方法は、第2条第9項各号に規定する行為で、「公正な競争を阻害するおそれがあるもの」（公正競争阻害性）をいうと規定されており、さらに、公正取引委員会により、具体的に、一般指定として、第16項までが規定されている。そして、一般指定の各規定は、公正競争阻害性との関係では、(ⅰ) 自由な競争の確保、(ⅱ) 競争手段の公正さの確保、(ⅲ) 自由競争基盤の確保の3つの視点により整理できる（独占禁止法研究会報告「不公正な取引方法に関する基本的な考え方」昭和57年7月参照）。その概略は、以下のとおりである。

公正競争阻害性の各視点	一般指定の各行為
自由な競争の確保	・取引拒絶（第1および2項） ・差別取扱（第3ないし5項） ・不当廉売（第6項） ・不当高価購入（第7項） ・排他条件付取引（第11項） ・再販売価格の拘束（第12項） ・拘束条件付取引（第13項）

競争手段の公正さの確保	・ぎまん的取引（第8項） ・不当な利益提供による顧客誘引（第9項） ・抱き合わせ販売（第10項） ・取引妨害（第15項） ・内部干渉（第16項）
自由競争基盤の確保	・優越的地位の濫用（第14項）

2 法的問題点についての検討

では、以下において、本設問の事案の法的問題点について検討していく。

(1) X社とY社の行為の問題点の検討

X社およびY社は、Aスーパーらからの物流経費の負担等の要請に対し、本設問の（事案の概要）の2(5)の合意をすることにより対抗しようと考えているが、このような対抗策は、公正かつ自由な競争に対して、どのような影響を与えるのであろうか。問題となりそうなのは、次の2点である。

ア 不当な取引制限（独占禁止法第3条後段、第2条第6項）該当性

小売業者から一般消費者への小売販売において販売競争があるのと同様に、その前段階の加工食品メーカーから量販店等の小売業者に対する卸売りにおいても、加工食品メーカー相互間には、加工食品の品質、価格等の卸売条件についての競争が考えられる。X社とY社は、量販店に対する卸売条件について合意して、同社らにとって一定程度以上の負担となる販売条件を課す量販店とは取引しないこととしようと考えているが、これにより、魚介類の加工食品の卸売りについての競争に対し影響を与えることが考えられる。X社とY社が、量販店への卸売りに関し、本設問の（事案の概要）の2(5)の合意をしたとすれば、卸売条件の限度で、この競争をなくしてしまうこととなるのである。

魚介類の加工食品に限らず、価格についての競争は、競争の中心的位置を占める。物流費用の負担、リベート・協賛金の支払、マネキンの派遣は、もちろん、価格そのものではないが、卸売りの際の

加工食品メーカーに対する負担という意味では、価格構成要素の一つと考えられる。そうすると、このような卸売条件についての公正かつ自由な競争は、X社とY社の合意により害されることとなると考えられる。なお、競争が害されることについては、卸売価格について、例えば〇〇円以下では、卸売りしないとの合意と対比して考えれば、明らかであろう。このような発想から、本設問の事案については、独占禁止法第3条後段、第2条第6項の不当な取引制限該当性が考えられる。

イ　共同の取引拒絶（独占禁止法第19条、第2条第9項、一般指定第1項第1号）該当性

また、X社とY社の合意は、一定以上の負担となる販売条件を課す量販店とは、取引しない内容となっており、この合意に従って、X社とY社が、Aスーパーらとの取引を拒絶した場合、魚介類の加工食品の小売についての競争に影響を与えることが考えられる。公正かつ自由な競争が害されることについては、例えば価格低下を防ぐために、激安量販店等には卸売りしない場合と対比すれば明らかであろう。魚介類の加工食品の小売市場に対する自由な参入を妨害することになるからである。このような発想から、独占禁止法第19条、第2条第9項、不公正な取引方法の一般指定第1項第1号の共同の取引拒絶該当性も考えられる。

(2) 不当な取引制限（独占禁止法第3条後段、第2条第6項）該当性の検討

まず、上記(1)アの不当な取引制限該当性につき、検討を加えることにする。

【意義】　独占禁止法第2条第6項によれば、「不当な取引制限」とは、「事業者が、契約、協定その他何らの名義をもってするかを問わず、他の事業者と共同して対価を決定し、維持し、若しくは引き上げ、又は数量、技術、製品、設備若しくは取引の相手方を制限する等相互にその事業活動を拘束し、又は遂行することにより、公共

の利益に反して、一定の取引分野における競争を実質的に制限することをいう。」と規定されている。

　不当な取引制限に該当するための要件は、次のとおりと考えられており、以下において、本設問の事案につき、各要件の充足性について検討する。

【要件】① 競争関係にあり、独立性を有する複数の事業者の行為であること

② 事業者間に相互に事業活動を拘束しまたは遂行することについての共同（意思の連絡）があること

③ 一定の取引分野における競争を実質的に制限するものであること

④ 公共の利益に反するものであること

ア　要件①「競争関係にあり、独立性を有する複数の事業者の行為であること」について

　本設問の事案では、X社とY社は、独立性を持った別会社であり、加工食品の製造、卸売については、競争関係にもあるため、問題なく充足すると考えられる。

イ　要件②「事業者間に相互に事業活動を拘束しまたは遂行することについての共同（意思の連絡）があること」について

　本設問の事案では、意思の連絡も、問題なく充足するであろう。なお、意思の連絡が認められるには、明示の合意までは必要でなく、暗黙の了解で足りるとされる。これは、カルテルをしようとする事業者も、独占禁止法による規制を認識しているため、議事録やメモ等をとらない場合も多く、直接証拠による立証の困難の問題があるためである。

ウ　要件③「一定の取引分野における競争を実質的に制限するものであること」について

　本設問の事案のような合意により競争をなくしてしまう場合に、それが市場での競争を実質的に制限するものであるかどうかが問題となる。

　ここで、実質的制限とは、「特定の事業者集団がその意思で、ある

程度自由に価格、品質、数量、その他各般の条件を左右することによって、市場を支配することができる状態をもたらすこと」とされ、参加者の市場シェアが重要（公正取引委員会が問題とした事案において、参加者の市場での供給量合計は「すべて」、「ほとんどすべて」、「大部分」（シェアが50％以下の場合に競争の実質的制限が認定された例は少ない））と考えられている。

　もちろん、本設問の事案に限らず、どの事案でも、実質的制限の要件を充足するためのシェアが何パーセントであるかについては、一律の基準などなく、弁護士も明確な判断を出しえない場合が多い。公正取引委員会が実際に動くか否かという問題となるとなおさらである。最終的には、違反行為の態様や事案に応じて、弁護士の経験等にもとづく判断をせざるを得ないこととなるが、ある程度のシェアを有している事業者であれば、やはり、独占禁止法に違反する危険は、高いと判断せざるを得ないと思われる。本設問の事案では、X社とY社とは、加工食品については、シェアの60パーセントを有しており、やはり、要件③を充足する可能性は高いと思われる。

エ　要件④「公共の利益に反するものであること」について

　ⅰ　この要件の捉え方については、諸説あるが、判例によれば、「原則としては独占禁止法の直接の保護法益である自由競争経済秩序に反することを指すが、現に行われた行為が形式的に右に該当する場合であっても、右法益と当該行為によって守られる利益とを比較衡量して一般消費者の利益を確保するとともに、国民経済の民主的で健全な発達を促進するという同法の究極の目的に実質的に反しないと認められる例外的な場合を不当な取引制限行為から除外する趣旨と解すべきである。」（最判昭59年2月24日判例時報1108号3頁）とされている。

　　つまり、ある行為が、独占禁止法に形式的には該当する場合であっても、比較衡量により、上記究極の目的に、実質的には反しない場合には、例外的に「不当な取引制限」には該当しないとしているわけである。

　　例えば、人体に悪影響をもたらすことが明らかな商品、欠陥が

ある危険な商品などについて、公的規制が間に合わないなどの理由で、これらの商品を扱わないとの合意をする行為は、公共の利益に反しないものとして認められる場合があると思われる。

ii 本設問の事案における取引を見てみると、Aスーパーらは、X社やY社らに対し、物流経費の負担、リベート・協賛金の支払、マネキンの派遣を求めている。これは、同社らの力関係から生じたものである。本設問の事案を検討する際、一般的な感覚としては、Aスーパーらは、自己の巨大な販売能力を武器に、力関係を利用して、X社やY社らに対して無理難題を突きつけ、仕入コストを下げようとしているのであり、悪いのは、Aスーパーらであるという印象を受ける。独占禁止法上も、かかる行為は、優越的地位の濫用（独占禁止法第2条第9項第5号、一般指定第14項）として、独占禁止法に違反する行為である可能性がある。そして、X社とY社のAスーパーらに対する対抗策は、このようなAスーパーらの独占禁止法違反に対する対抗策であることから、正当なものとされるかどうかが問題となる。

優越的地位の濫用の要件は、次のとおりと考えられており、以下において、本設問の事案につき、各要件の充足性について検討する。

【要件】① 優越的地位

② 濫用行為（一般指定14項の各号の行為）

③ 正常な商慣習に照らして不当であること（公正競争阻害性）

① 要件①「優越的地位」について

優越的地位の濫用の事例は、取引上強い立場にある事業者が、その力関係を使って、取引の相手方に不当な不利益を与える場合である。つまり弱いものいじめをしている場合であり、取引の相手方との関係における相対的優越性（問題となっている当事者間の優越性）があれば足りる。相対的優越性の有無は、その取引の相手方が、強い事業者との取引を必要としているかが判断の中心となる（当該業者に対する取引依存度、当該小売業者の市場における地位、販売先の変更可能性、商品の需給関係

等を考慮することとなる。）。

本設問の事案では、Aスーパーらは、X社とY社の売上の多くを占める重要な得意先であり、X社やY社は、Aスーパーらとの取引を強く必要としていると思われるため、充足する可能性は高いと思われる。

② 要件②「濫用行為」について

一般指定14項の各号に行為が挙げられているが、「流通・取引慣行に関する独占禁止法上の指針」（平成3年7月11日公正取引委員会事務局）（以下「流通・取引慣行ガイドライン」という。）においてもさらに具体的にされている。また、本設問の事案のような大手食品量販店によるものであれば、公正取引委員会の告示の「大規模小売業者による納入業者との取引における特定の不公正な取引方法」（平成17年5月13日公正取引委員会告示第11号）を見てみる必要がある。

同告示によれば、以下の規定がある。

（ⅰ）　不当な経済上の利益の収受等（第8項）
（ⅱ）　納入業者の従業員等の不当使用等（第7項）

物流費用の負担、協賛金の要求については第8項、従業員の派遣については第7項に該当するように思われる。同告示については、さらに、そのガイドラインとして、公正取引委員会により「『大規模小売業者による納入業者との取引における特定の不公正な取引方法』の運用基準（平成17年6月29日公正取引委員会）」が公表されており、各々、その第2の8および7において、適用の有無についての詳細な説明がなされている。同運用基準によれば、本設問の事案のAスーパーらの行為は、やはり上記告示に該当する可能性が高いと思われる。

③ 要件③「正常な商慣習に照らして不当であること（公正競争阻害性）」について

正常な商慣習といいうるためには、公正な競争秩序という観点からして正常であることが必要であり、実際に長く続けられていたからといって、正常とは認められない。本設問の事案の

　　　　　Aスーパーらの要請は、正常な商慣習によるものとはいえないであろう。

iii　以上のような検討により、本設問の事案で、Aスーパーらの行為が、優越的地位の濫用に該当するとした場合、X社とY社が、これに対する対抗策として、本設問のような合意をすることは、公共の利益に反せず正当化されるのであろうか。

　　上記i記載の最高裁判決の考え方によると、結局は、本設問の合意を排除することによって守られる自由経済秩序と、本設問の合意を認めることによって守られるAスーパーらの優越的地位の濫用行為の除去という利益との比較衡量により、本設問の合意が、「一般消費者の利益を確保するとともに、国民経済の民主的で健全な発達を促進する」という独占禁止法の究極目的に実質的に反しないものかどうかが決め手となる。

　　そして、本設問の事案では、X社とY社の合意は、卸売価格を全体として見れば上昇させるものであり、少なくとも、一般消費者の利益に適合するものとはいえないと思われる。実際上も、判例等において、そのような比較衡量の結果、公共の利益に反しないと判断された事案は存在せず、その主張立証は、かなりの困難を伴うと考えられる。

　　確かに、Aスーパーら量販店の独占禁止法違反の行為（優越的地位の濫用）に対する対抗策（本設問の合意）が、独占禁止法違反になることへの違和感は拭いきれない部分がある。しかし、上記公共の利益との関係では、メーカーが、リベート等の負担をし、実質的に低価格で、商品を卸すことは、結局は、一般消費者に対しての価格に反映するものであり、このような対抗策をとることは、一般消費者の利益のためというよりも、むしろ、事業者側の利益のためである側面が大きいと思われる。

iv　従って、X社とY社の合意は、実質的に一般消費者の利益を確保するものともいえないし、また、国民経済の民主的で健全な発達を促進するともいえないと思われ、X社とY社の合意は、公共の利益に反しないものとはいえないと考えられる。

オ 小括

　以上のような検討により、X社とY社の合意は、不当な取引制限に該当する可能性が高いと判断できる。

(3) 共同の取引拒絶（独占禁止法第19条、第2条第9項、一般指定第1項第1号）該当性の検討

　次に、上記(1)イの共同の取引拒絶該当性につき、検討を加えることにする。不公正な取引方法については、独占禁止法第2条9項各号に行為が列挙されており、さらに、一般指定により、具体的に規定されている。一般指定第1項第1号の規定を見てみると、内容は、以下のとおりであるが、流通・取引慣行ガイドラインにおいて、共同の取引拒絶の考え方やその類型等について、さらに具体的な指針が示されている。

【意義】　一般指定第1項柱書によれば、「正当な理由がないのに、自己と競争関係にある他の事業者と共同して次の各号のいずれかに掲げる行為をすること。」と規定され、同項第1号によれば、「ある事業者に対し取引を拒絶し又は取引に係る商品若しくは役務の数量若しくは内容を制限すること。」と規定されている。

　共同の取引拒絶に該当するための要件は、次のとおりと考えられており、以下において、本設問の事案につき、各要件の充足性について検討する。

【要件】① 正当の理由がないこと（公正競争阻害性）
　　　　② ③について自己と競争関係にある他の事業者と共同すること
　　　　③ ある事業者に対し取引を拒絶しまたは取引に係る商品もしくは役務の数量もしくは内容を制限すること

ア　要件①「正当の理由がないこと」（公正競争阻害性）について

　公正競争阻害性の有無は、当該行為の意図・目的、行為者の市場における地位、被拒絶者が他の取引先を得られる可能性とそのコスト等を考慮して判断されるが、共同の取引拒絶（共同ボイコットと

も呼ばれる）がなされれば、通常事業者は市場から排除されるか、または新規参入を阻止されることとなるため、公正競争阻害性は、原則として認められるものと考えられている。

　本設問の事案においては、行為者であるX社およびY社の意図としては、Aスーパーらの優越的地位の濫用行為に対抗するためのものであるが、自由な競争の確保という観点からしても、より競争制限的でない対策がないとは思われない。また、X社らのシェアは、業界全体の60パーセントを占めているのであり、市場において有力な地位を有しているし、被拒絶者であるAスーパーらが他の取引先を得られる可能性は低く、そのコストや労力も大きいと思われる。従って、X社とY社の行為には、公正競争阻害性が認められるものと考えられる。

イ　要件②「自己と競争関係にある他の事業者と共同すること」について

　共同の取引拒絶においても、上記（2）の不当な取引制限と同様、「共同して」行っているといいうるためには、意思の連絡がなくてはならない。そのためには、明示の合意までは必要でなく、暗黙の了解で足りるとされるが、この点は、問題なく充足するであろう。

ウ　要件③「ある事業者に対し取引を拒絶しまたは取引に係る商品もしくは役務の数量もしくは内容を制限すること」について

　本設問の事案では、X社らの合意は、Aスーパーらとの取引を拒絶する内容となっているのであり、X社らが、実際にAスーパーらとの取引を拒絶すれば、この要件は、問題なく充足するものと考えられる。なお、取引の拒絶とまではいかず、価格等の差別取扱を行った場合は、一般指定第3項および第4項の問題となる。

エ　小括

　以上のような検討により、X社とY社の行為は、共同の取引拒絶に該当する可能性が高いと判断できる。

(4) X社とY社の共同の取引拒絶と不当な取引制限との関係

　ところで、流通・取引慣行ガイドラインでは、共同の取引拒絶に関し、

「共同ボイコットには、様々な態様のものがあり、それが事業者の市場への参入を阻止し、又は事業者を市場から排除することとなる蓋然性の程度、市場構造等により、競争に対する影響の程度は異なる。共同ボイコットが行われ、行為者の数、市場における地位、商品又は役務の特性からみて、事業者が市場に参入することが著しく困難となり、又は市場から排除されることとなることによって、市場における競争が実質的に制限される場合には不当な取引制限として違法となる。市場における競争が実質的に制限されるまでには至らない場合であっても、共同ボイコットは一般に公正な競争を阻害するおそれがあり、原則として不公正な取引方法として違法となる。」(流通・取引慣行ガイドラインの第二の1) としている。

共同の取引拒絶は、事業者が市場へ自由に参入することを防止し、または排除することで競争を制限するものであり、カルテルと同様に競争を制限する行為であることから、共同の取引拒絶によって、競争が実質的に制限される場合には、不当な取引制限として、独占禁止法第3条後段および第2条第6項が適用されることとなるのである。

本設問の事案のX社とY社は、ともに加工食品メーカーであり、魚介類の加工食品の卸売りについて競争関係に立つといえるところ、流通・取引慣行ガイドラインでは、共同の取引拒絶の類型のうち、競争者との共同の取引拒絶について、不当な取引制限に該当する行為および市場における競争が実質的に制限される場合を例示している(流通・取引慣行ガイドライン第二の2)。この例示のうち、本設問の事案がストレートに該当するものはないが、上記考え方(流通・取引慣行ガイドラインの第二の1) を踏まえると、X社とY社の魚介類の加工食品のシェアが60パーセントある本設問の事案については、市場における競争が実質的に制限される疑いが強いと思われる。不当な取引制限は、不公正な取引方法よりも反競争性が強く、その独占禁止法上のエンフォースメントも以下のとおり異なるため、不当な取引制限に該当するか否かは、実際上も重要な問題となる。

	排除措置命令	課徴金納付命令	差止請求	刑罰
不当な取引制限	第7条	第7条の2	規定なし	第89条
不公正な取引方法	第20条	規定なし	第24条	規定なし

　なお、X社とY社の行為により、市場における競争が実質的に制限されるまでには至らない場合であっても、上記（3）で検討したとおり、X社とY社の行為は、原則として不公正な取引方法(独占禁止法第19条、第2条第9項、一般指定第1項第1号)としてやはり違法なものとなる（流通・取引慣行ガイドライン第二の2の（2））。

ステップ 3

1　意見書作成における注意点

(1) 事実関係の確定（限定）

　法律相談を受けた弁護士としては、事情聴取のうえ、事実関係を確定（限定）し、それを前提として、相談者に回答することとなる。法律相談一般の注意点として、事情聴取の際に相談者の話をよく聞くのは当然であるが、相談者の話について、弁護士サイドでは、当然の前提であることが、実はそうでない場合も大いにありうる。ステップ1で述べたように、企業法務における法律相談は、その法律問題が高度・先進的であるため、相談する企業の担当者も、ある程度ポイントを押さえて相談することが必要となってくるが、そうであっても、やはり事実関係の認識が、弁護士と相談者とでずれる可能性が全くないわけではない。弁護士サイドの事実関係の確定（限定）の誤りが、致命傷となる可能性もある。

　弁護士としては、事実関係の誤りから生ずる危険を回避するためにも、法的な見解等を示す際には、必ずその前提となる事実関係を確定（限定）しておく必要があり、それは、意見書等の書面により回答する場合も同様である。

(2) 法的見解等の回答における姿勢

　上記（1）の事実関係の確定（限定）の後、弁護士としては、相談者

に対し、事案に対する法的な見解等の回答を示すこととなる。最終的に求められる回答としては、イエス or ノーの選択のみではなく、具体的な対処法など、多岐に亘るが、ステップ1で述べたとおり、弁護士としては、常に、予想される相手方の対応や訴訟等の法的紛争となった場合の帰趨を意識しつつ回答するということになる。従って、弁護士の回答としては、今後の予想の部分を含むことが多いため、取りうる選択肢が複数あり、断定的な回答をすることが困難な場合が多い（不用意な断定は、弁護過誤の危険にもつながる。）。また、反面、企業法務における法律相談に限らず、法律相談者が最も知りたいと考えていることは、現段階では、どのような方針をとるのがベストなのかということである。

　従って、弁護士としては、回答をする際には、複数の選択肢が存在することのみならず、それぞれにメリット、デメリットが存在することをも示したうえ、相談者自身の意見も聞きつつ、相談者にとってベストな方針を探求することが必要となる。

(3) 一義的な記載

　上記(1)および(2)の注意点に従って、意見書を作成することになるが、相談をする者は、弁護士が回答した法的見解等を踏まえて、今後の対応を決定することとなるのであり、企業法務においてもそれは同様である。従って、弁護士の回答は、相談者が意思決定の参考にできるよう、その内容が不明確なものであってはならず、一義的に了解可能なものでなくてはならない。特に企業においては、担当者が、弁護士の回答を上司等に報告し、その上で、企業としての意思決定を行うこととなる以上、回答内容が不明確であっては、思わぬ誤解を招くことになりかねない。

2　意見書の構成

　ステップ2において検討した内容を踏まえ、上記1の意見書作成の注意点にも配慮した、本設問の事案に対する意見書の例を下記に示す。

　なお、意見書の構成としては、1および2において、独占禁止法第3

条後段、第2条第6項の不当な取引制限の規定および独占禁止法第19条、第2条第9項、一般指定第1項の共同の取引拒絶の規定の適用の有無の検討を行っている。そして、3においては、Aスーパーらの優越的濫用行為に対する対抗策としての本設問の事案のような合意については、妥当ではないとしたうえ、法的分野に限らず、今後の考えうる打開策を示している。

平成18年10月1日

X社　御中

　　　　　　　　　　　　　　○○法律事務所
　　　　　　　　　　　　　　弁護士　○　○　○　○

意　見　書

当職は、別紙のとおり、意見を申し述べます。

参　考　文　献[1]

① 川越憲治　　「独占禁止法紛争の上手な対処法」
　　　　　　　株式会社民事法研究会 23頁以下
② 笹井昭夫　　「競争の実質的制限(1)」
　　　　　　　別冊ジュリスト No. 110・22頁
③ 山部俊文　　「公共の利益」
　　　　　　　別冊ジュリスト No. 141・20頁

---

1) 参考文献の摘示
　意見書による回答の際には、意見書における詳細な法律論の説明を省略したり、専門家の解釈論を正確に伝えるために、参考文献を摘示して説明する場合もある。

> ④ 山田昭雄外　「流通・取引慣行に関する独占禁止法ガイドライン」
> 　　　　　　　社団法人商事法務研究会 45 頁以下
> ⑤ 山田昭雄外　「流通・取引慣行に関する独占禁止法ガイドライン」
> 　　　　　　　社団法人商事法務研究会 205 頁以下

(別紙)

> 【質問事項】
> 1　事実関係[2]
> 　　貴社からの事情聴取によれば、本件の事実関係は、以下のとおりである。
> (1) 貴社およびＹ社（以下併せて「貴社ら」といいます。）は、魚介類の加工食品の卸売りの業界全体でのシェアを併せて60パーセント以上占めている。
> (2) ＡスーパーおよびＢストア（以下併せて「Ａスーパーら」といいます。）は、いずれも魚介類の加工食品を仕入れている食品量販店であり、貴社らにとっても、重要な得意先である。
> (3) Ａスーパーらの食品量販店は、貴社らとのこれまでの取引において、貴社らに対し、Ａスーパーらの各店舗に配送するための運搬費用等の物流経費の負担を求めてきていた。また、Ａスーパーは、物流経費以外にも、貴社らに対し、リベート・協賛金の支払やマネキン（販売員）の派遣を要請してきていた。
> (4) 貴社らは、取引の打ち切りの危険があるため、上記（3）の要求を拒むことができなかった。

2) 事実関係の確定
　法律相談に対する回答を行う前提として、回答に必要な限りで、【質問事項】の記載において、事実関係を確定（限定）している。

> 2 質問
>   上記1のような事実関係のもとで、貴社がY社との間で、Aスーパーらの要求に対抗するため、上記1(3)記載の物流経費の負担等を要請する量販店とは、今後一切取引しないとの合意（以下「本件合意」といいます。）をすることの法律上の問題点について
>
> 【回　答】
>   上記【質問事項】1の事実関係のもとでの貴社からの質問に対する回答は、以下のとおりです。
> 1　加工食品メーカーが合意して、食品量販店からの運搬費用等の物流経費の負担、リベート・協賛金の支払、マネキン派遣の要請に対する対抗措置として本件合意をする場合の独占禁止法（以下「独禁法」といいます。）上の問題点
>
> (1) カルテル禁止規定への抵触[3]
>   運搬費用等の物流経費の負担、リベート・協賛金の支払、マネキン派遣は、いずれも実質的な価格構成要素といえると考えられることから、本件合意は価格カルテルとなる可能性があり、

3) ステップ2の2(2)で見たとおり、本設問の事案では、X社とY社は、物流経費等の卸売条件について、Aスーパーらに対抗するため、本件合意を検討しており、本件合意が、卸売条件についての影響を与えるものと考えられるため、その点についての指摘をして、カルテル禁止規定（独占禁止法第3条後段、第2条第6項）に違反する危険性が高いとの判断をしている。意見書【回答】1では、その規定の要件を逐一検討したうえ（もちろん、公正取引委員会から排除措置命令が下された場合やAスーパーから損害賠償請求訴訟を提起された場合をも意識している。）、結論のみではなく、その検討の過程も参考文献とともに示している。
　そして、本設問の事案では、Aスーパーらが、業界での強固な地位を武器に、卸売条件を設けており、本件合意は、それに対抗するために検討されているものであることから、「公共の利益に反して」といえるか否かを検討している（ステップ2の2(2)エ）。その点は、微妙な問題であり、①同種事案についての判例はないものの、この文言を問題にした判例においては、比較衡量の結果、公共の利益に反しないと判断された事案は存在せず、「公共の利益」は厳格に考えられていることおよび②公共の利益に反しないとの主張立証は、かなりの困難を伴うことを考慮して、意見書においては、「公共の利益に反しないとされる可能性はまずないと考えられる」との法的な見解を示している。

その場合には、不当な取引制限として禁止される（独禁法第3条後段）。不当な取引制限に該当するか否かは、独禁法第2条第6項所定の要件に該当するか否かによって定まるので、以下、これを検討する。なお、各要件の詳細については、参考文献①参照。

ア　共同の意思決定

　意思の連絡には、明示のものだけでなく、黙示の意思の連絡も含まれ、事業者相互に他の事業者の対価引上げ行為を認識して、暗黙のうちに認容することで足りる（東芝ケミカル事件（東京高判平成7年9月25日判例タイムス906号136頁））ことから、本件においては共同の意思決定があると認定される危険性は高い。

イ　競争の実質的制限

　競争の実質的制限の意義につき、参考文献②の東宝・スバル事件（東京高判昭和28年12月9日判決別冊ジュリスト110号22頁）参照。競争の実質的制限がもたらされているといえるか否かは、違反行為の態様や事案に応じて、ケースバイケースに行われるほかなく、一律に基準を設定することは困難とされるが、本件においては、そのシェアから考えて、貴社とY社が本件合意を行えば、競争の実質的制限がもたらされると判断される可能性が大きい。

ウ　「公共の利益に反して」

　「公共の利益」とは、自由競争を基盤とする経済秩序を維持することそのものを意味する。公共の利益の意義、位置付け等につき、参考文献③の石油カルテル事件（最判昭59年2月24日判例時報1108号3頁）参照。競争制限行為ではあるが公共の利益に反しないとして適法とされる余地は極めて小さいといわれており、実際にもそのような判断が示された例はみあたらず、たとえ、本件合意が量販店の優越的地位の濫

用的行為（この点については、後述2参照）に対抗するものであったとしても、公共の利益に反しないとされる可能性はまずないと考えられる。

　エ　小括

　　以上から、貴社が、Y社との間で、本件合意を行った場合、価格カルテルとして、独禁法3条後段に違反する可能性が高いと思われる。

(2) 共同ボイコット禁止規定への抵触[4]

　量販店が上記負担の軽減ないし拒否に応じない場合に、取引（納品）自体を拒絶するときは、共同ボイコットとなる可能性がある。共同ボイコットによって市場における競争が実質的に制限される場合には不当な取引制限（独禁法第3条後段、第2条第6項）となり、仮に市場において競争が実質的に制限されるまでには至らない場合であっても、一般的には公正な競争を阻害するおそれがあり原則として不公正な取引方法（独禁法第19条、第2条第9項）として違法となる。共同ボイコットに該当するか否かの各要件の詳細については、参考文献④を参照されたいが、本件においては、上記(1)で検討した内容に照らし、取引（納品）拒絶まで行った場合、共同ボイコットの要件である共同性は十分に認められ、しかも、その結果は市場における競争の実質的制限をもたらすものと判断される可能性が大きく、不当な取引制限に該当するおそれが高い。

---

4) 本件合意は、Aスーパーらとの取引を拒絶する内容となっているため、不公正な取引方法（独占禁止法第19条、第2条第9項、一般指定第1項）および不当な取引制限の規定（独占禁止法第3条後段、第2条第6項）に違反する危険性が高いとの判断をしている。それらの規定の要件を検討したうえ、結論および検討過程を資料とともに示している。

　そして、本件では、流通・取引慣行ガイドラインの考え方を踏まえて、X社とY社の行為が、不当な取引制限に該当する可能性が高いとの法的見解を示している。

> 2 上記負担要請の小売業者による優越的地位の濫用該当性[5]
>
> 　流通・取引慣行に関するガイドライン（第5　小売業者による優越的地位の濫用行為）に従って判断すべき事項である。その要件充足性の詳細については、参考文献⑤および「大規模小売業者による納入業者との取引における特定の不公正な取引方法」を参照されたいが、本件における量販店の行為は、十分に小売業者による優越的地位の濫用に該当するものと考えられる。
>
> 3　結語
> （1）本件の基本的考え方
> 　本件の検討にあたっては、量販店がメーカーに不当な要求をなし、その結果、量販店が不当な利益を得ていることから、本件合意は、これを是正するための行為であって、独禁法上も正当化される余地があるのではないかとの考え方もありうる。しかし、もう少し視点を大局的見地に置くと、メーカーがリベート等の負担をし、実質的に低廉な価格での納品をすることにより、量販店に利益が残ることは、最終的には一般消費者がより低廉な価格で商品を購入することにも繋がり、この関係では公正かつ自由な競争を確保する必要は依然として存するといえる。

5) 本件では、ステップ2の2で検討したように、Aスーパーらの量販店の独占禁止法違反の行為に対する対抗策が、独占禁止法違反になることへの違和感は拭いきれない部分があり、これは、X社にとっては、なおさらであると思われる。
　そのため、意見書【回答】2において、Aスーパーらの行為が優越的地位の濫用に該当すること（X社は、この点に営業上の不都合のみならず、憤りを感じている。）を指摘したうえ、意見書【回答】3（1）において、法的な考え方を示している。つまり、「確かに、Aスーパーの行為は独占禁止法に違反している可能性が高いが、それを是正する者は、被害者的立場にあるX社ではなく、あくまで公正取引委員会であり、Aスーパーらの行為の適法性と本件合意の適法性は、全く別問題である。Aスーパーらによる、物流費用の負担の要求等に対する対策については、本件合意のような手段ではなく、むしろ、公正取引委員会で対処する問題であると考えられる。」との考え方を示している。
　また、最終的に、意見書【回答】3（2）において、X社が採りうる手段を具体的に掲げている。もちろん、それらの手段は、裁判所を通じた法的措置に限られるわけではない。

従って、本件の検討にあたり、小売業者の優越的地位の濫用行為に対する対抗措置であり、本件のような措置をとることが最終的には一般消費者の利益に資するという発想を強調して考えることは危険である。小売業者の優越的地位の濫用行為に対しては、本来、公正取引委員会に相談し、注意・勧告してもらって是正すべきことであり、当事者において、独自に独禁法違反を認定し、それに自力で対抗していくことは許容されていないのである。

(2) 今後とるべき対応

　貴社が今後とるべき対応について、当職の若干のコメントを述べると、以下のとおりである。
　ア　Y社との共同行為は慎むべきである。上記1で述べたとおり、独禁法上の問題を引き起こす可能性が高いからである。
　イ　同業他社が困難な状況にある現時点では、他社と意思を通じず、むしろ貴社単独で対抗措置を取ったとしても、他社も追随してくる可能性の方が高い、と判断できるのであれば、魚介類の加工食品の品質を維持するためには、生産者として上記対抗措置をとることは不可欠であり、かつ、最終的には消費者のためになると主張して、量販店と単独で交渉するのも一策である。
　ウ　量販店の優越的地位の濫用行為に対しては、流通業者のコスト積算の透明性・合理性を主張して、業界全体として公正取引委員会への働きかけをすべきものと考える。

以上

《参考文献》
① 白石忠志『独禁法講義』第3版（有斐閣）
② 金井貴嗣『独占禁止法』第二版（青林書院）

③　平林英勝「独占禁止法上の違法性判断における利益考量について」『判例タイムズ』1109 号,2003 年,52 ～ 59 頁
④　『別冊ジュリスト』『独禁法審決・判例百選』,2002 年
⑤　山田昭雄外『流通・取引慣行に関する独占禁止法ガイドライン』(社団法人商事法務研究会),2004 年,205 頁
⑥　川越憲治『独占禁止法紛争の上手な対処法』(株式会社民事法研究会),2000 年,23 頁以下
⑦　佐藤一雄『最新独占禁止法の実務』(植木那之編　社団法人商事法務研究会),1990 年,37 ～ 64 頁
⑧　笹井昭夫「競争の実質的制限 (1)」『別冊ジュリスト』110 号,1991 年,22 ～ 23 頁
⑨　山部俊文「公共の利益」『別冊ジュリスト』141 号,1997 年,20 ～ 21 頁
⑩　金井貴嗣「公共の利益」『別冊ジュリスト』161 号,2002 年,18 ～ 19 頁

第6章 会社法(内部統制システム)・法的システム構築法務

【「本書の使い方」(13頁)より】

会社法のうち内部統制システムについて、ステップ1において、その制度の概要を株式会社の役員に説明するための講義レジュメを、ステップ2において、内部統制システムの整備に関する基本方針案を作成する作業をすることによって、社内教育・法的システム構築法務の一端に触れるとともに、株式会社のガバナンス・コンプライアンス・リスク管理等についての認識を深める。そして、ステップ3において、内部統制システムの構築にあたっては、単純に法律的な観点からのみ考えたのでは実効性のある制度構築ができず、他の領域における知見に基づく考慮も必要であることを学習する。

> ステップ 1

1　社内教育における留意点

(1) 社内教育の多様化

　第1章ステップ1の2(2)イⅵにおいて述べたとおり、従前の社内教育は、従業員に当該企業の営業活動に必要な業法上の法的知識を教育するという目的で行われることが中心であった。

　しかし、いわゆる個人情報保護法、会社法、金融商品取引法等、企業の組織や業務体制の全体に影響を与える法律が次々と制定され、また、各企業のコーポレートガバナンス（企業統治）やＣＳＲ（企業の社会的責任）の取組みに対して、株主や投資家のみならず、取引先や一般消費者も注目する現在の状況においては、企業が、健全に成長・発展するために、上記の各法律が要求する法的システムを構築するとともに、その前提として、代表取締役社長をはじめとする経営陣が、上記の各法律の成立した背景や制度概要を十分に理解し、当該法律に対して各企業の取るべき基本姿勢について確固たる信念を持つことが不可欠となる。

　そこで、企業法務に携わる弁護士ないし企業法務担当者としても、従前の従業員への社内教育に加え、上記の各法律に対応する法的システムを構築するとともに、これに伴う社内教育を役員以下全ての階層において行うことが必要とされてくる。そして、そのためには、限られた時間の中で、当該法律や制度の概要に関する知識を取得しなければならないことは当然である。

(2) レジュメ作成・講義の際の留意点

　ステップ1においては、会社法における内部統制システムの制度概要について、これを役員に説明するための講義レジュメを作成する作業を通じて、社内教育のイメージをつかんでもらうとともに、会社法における内部統制システムの制度概要を理解してもらいたい。

　なお、実際にレジュメを作成し、講義する際には、企業の規模や業

種、聴講者の当該法律に関する関心や前提知識の程度を考慮したレジュメを作成し、講義に臨むことが必要であるが（本章のようなテーマの場合、一般的にはステップ2やステップ3の内容について言及することが相当である場合が多い。）、①レジュメはなるべくシンプルなものを作成すること（レジュメが詳しすぎると聴講者の講義そのものへの興味が薄れることがある。）、②具体的な判例や事案を取り上げること（できれば同業者の類似事案などを取り上げる。）、③単なる法律の解説ではなく、当該法律成立の背景や立法趣旨を理解させ制度全体のイメージがつかめるようにすること、④企業にとって、「何をすればいいのか」「何をしてはいけないのか」がイメージできるようにすること等に留意する必要がある。

2以下はその一例であるが、実際の講義を伴わないことから、読者の理解を助けるためにやや詳細に作成した。

2　会社法における内部統制システムの制度概要

(1)　会社法における内部統制システムの位置付け

ア　会社法による会社経営の規制緩和

平成18年5月1日に施行された会社法は、これまで片仮名で表記されていた旧商法第二編「会社」等の会社法制を現代語化し、ここ10年ほどの間に毎年のように繰り返された会社法制の改正を整理することにより、利用者である国民にわかりやすい内容にするとともに、会社を経営する経営者にとっても、経営者の権限を強化し、経営の機動性・柔軟性を向上させるなど、会社経営の規制緩和を実現した。

具体的には、会社法においては、会社の設立の簡易化・迅速化、株式会社の機関設計の選択肢の拡大、定款自治の拡大、組織再編・合併の対価の柔軟化等が図られた。

イ　コーポレートガバナンスの強化と内部統制システム

しかし、会社の経営の自由度、機動性が増すことに伴い、経営者が恣意的な会社経営を行い、法令違反を始めとする不祥事を起こす

危険性も増すことから、これを防止するため、会社法は、いわゆるコーポレートガバナンス（企業統治）も強化し、これにいわば、規制緩和というアクセルによる経営者の暴走を抑えるブレーキの役割を果たす役割を与え、両者のバランスを取っている。

具体的には、取締役等の役員の解任について、旧商法では特別決議事由にしていたものを、普通決議で可能にするとともに、コーポレートガバナンス実現の重要な手段とされる株主代表訴訟についても、株式交換・株式移転後も原告適格を失わないとされ、会計監査人も株主代表訴訟の対象となることとした。

ところで、このようなコーポレートガバナンスを実効性あるものとするためは、会社内部においても、不祥事が発生しないよう、コンプライアンス体制・リスク管理体制等の内部統制システム（その具体的内容については後述する。）が整備されていなければならないことはいうまでもない。

そこで、会社法は、以下で説明するとおり、大会社である株式会社には内部統制システムの基本方針の決定を義務付け、また、内部統制システムの基本方針を定める際には、取締役会を始めとする会社業務執行の意思決定機関がこれを定めるものとした。

【アクセル（規制緩和）】　　【ブレーキ（コーポレートガバナンスの強化）】

・設立の簡易化・迅速化
・機関設計の選択肢の拡大
・定款自治の拡大
　　　　　　　　　　etc

・役員の解任決議要件の緩和
・株主代表訴訟における原告適格の緩和
・内部統制システムの整備
　　　　　　　　　　etc

(2)　会社法における「内部統制システムの整備」の概要（取締役会・監査役設置会社の場合）

それでは、会社法は、内部統制システムについて、どのように規定しているのだろうか。会社法が求める内部統制システムの具体的内容を解説する前に、その概要について述べる。

なお、以下は、会社法上、最も多くの企業が選択する企業形態であ

る取締役会および監査役設置会社(以下「取締役会・監査役設置会社」という。)における内部統制システムを前提とする。

ア　会社法における内部統制システムとは

会社法においては、「内部統制システム」という文言を直接使用している条文はない。実務上「内部統制システム」を指す条文は、以下のように規定されている(会社法(以下「法」という。)第362条第4項第6号)。

> 取締役の職務の執行が法令及び定款に適合することを確保するための体制その他株式会社の業務の適正を確保するために必要なものとして法務省令で定める体制

上記の条文の文言のみでは、会社法における内部統制システムがいかなるものか、イメージはつかみにくいと思う。ただし、上記の条文のうち、前段の「取締役の職務の執行が法令及び定款に適合することを確保するための体制」については、いわゆる取締役のコンプライアンスについての体制であることは明らかであろう。

そして、上記の取締役のコンプライアンスについての体制に加え、上記条文の後段の「その他株式会社の業務の適正を確保するために必要なものとして法務省令で定める体制」については、会社法施行規則において規定されているが(会社法施行規則(以下「施」という。)第100条第1項および第3項)、その内容についてはステップ2において詳論する。

イ　「内部統制システムの整備」の決定機関・開示・監査

i　決定機関

内部統制システムの整備は、企業経営そのものの方向性を示す重要な事項であるため、企業において内部統制システムの整備に関する決定をする際には、これを代表取締役が単独で決定したり、各取締役に決定を委任することはできず、取締役会において決定しなければならない(法第362条第4項柱書)。

ただし、取締役会においては、企業が構築する内部統制システ

ムの詳細な内容まで決定する必要はなく、目標の設定、目標達成のために必要な内部組織およびその権限、内部組織の関係・連絡方法等、内部統制システムの整備に関する基本方針を決定すれば足りるとされている（相澤哲ほか編著『論点解説　新会社法』(2006年) 335 頁)。

ⅱ　整備した内部統制システムの開示

そして、会社が内部統制の基本方針を決定した場合、株主・投資家にその内容を明らかにするため、決定の内容を事業報告に記載して開示するものとされている（施第 118 条第 2 号)。

ⅲ　内部統制システムの監査

監査役は、取締役の業務執行を監査することとされていることから（法第 381 条第 1 項）、内部統制システムの整備・運用の状況を監査することが、監査役の重要な監査事項の 1 つとなる。そこで、事業報告・附属明細書の監査にあたって、「内部統制システムの整備」の内容が相当でないと認める場合は、その旨およびその理由を監査報告書に盛り込む必要があるとされている（施第 129 条第 1 項第 5 号)。

ウ　「内部統制システムの整備」が義務付けられる会社

大規模な企業が不祥事等を起こした場合、株主のみならず一般社会に及ぼす影響も深刻なものになることから、これを防止するために、会社法上の大会社（資本金が 5 億円以上または負債額が 200 億円以上の会社（法第 2 条第 6 号)) および委員会設置会社については内部統制システムの整備が条文上義務付けられている（法第 362 条第 5 項、法第 416 条第 2 項)。

(3)　内部統制システムと取締役の善管注意義務

上記 (2) ウで説明したとおり、大会社および委員会設置会社以外の会社においては、条文上、内部統制システムの整備は明示的には義務付けられていない。しかし、一定以上の規模の会社にあっては、取締役の善管注意義務の内容として、従業員が法令等を遵守し、適切にリスク管理を行うための体制を整備することが含まれる。

そこで、以下では、取締役に内部統制システムを整備または構築するべき義務があることに言及した裁判例等について紹介する。

ア 「大和銀行株主代表訴訟事件判決」（大阪地判平成12年4月24日判例タイムズ1047号86頁）

ⅰ 事案の概要および裁判所の判断

　大和銀行ニューヨーク支店の行員が1984年から1995年までの11年間にわたって無断で簿外取引を行い、総額約11億ドルの損害を銀行に与えた事件である。当該行員は、頭取にこの事実を伝えたが、経営陣は、約2か月間、米国当局に報告しなかったことから、大和銀行は、約11億ドルの損害が発生したことを米国当局に隠匿していたなどとして米国において刑事訴追を受け、有罪の答弁を行い、3億4000万ドルの罰金を支払った。そこで、株主が当時の取締役・監査役に対し、約14億5000万ドルの損害賠償を求める株主代表訴訟を提起した。

　この訴訟において、裁判所は、判決文の中で、以下のとおり述べて、当時の取締役・監査役の責任を認め、総額7億7500万ドル（約830億円）を会社に支払うよう命じた（下線筆者）。

> 　健全な会社経営を行うためには、目的とする事業の種類、性質等に応じて生ずる各種のリスク、例えば、信用リスク、市場リスク、流動性リスク、事務リスク、システムリスク等の状況を正確に把握し、適切に制御すること、すなわちリスク管理が欠かせず、会社が営む事業の規模、特性等に応じたリスクの管理体制（いわゆる<u>内部統制システム</u>）を整備することを要する。

ⅱ 「大和銀行株主代表訴訟判決」のポイント

　この判決は、これまで多くの会社経営者が特に認識していなかった「取締役の内部統制システム整備義務」について明確に言及したという点において、重要な意義を有する判決であり、今回の会社法において内部統制システムの整備が法制化される一端と

もなったといえる。また、同時に、内部統制システムの内容を「リスク管理体制」に重点をおいて捉え、その後の裁判例にも大きな影響を与えた（本判決と同様に内部統制システムをリスク管理体制として捉えた裁判例として大阪地判平成16年12月22日判例時報1892号108頁（ダスキン株主代表訴訟）がある。）。

そして、この判決以降、取締役会、取締役および監査役に以下のような責務等があることが認識されるようになった。

① 重要な業務執行としてのリスク管理体制

リスク管理体制の整備は、「重要な業務執行」（旧商法第260条第2項）であり、その大綱・基本方針は、取締役会の決議事項である。

② 代表取締役・業務担当取締役の義務

代表取締役・業務担当取締役は、大綱を踏まえ、担当するリスク管理体制を具体的に決定すべき職務を負う。

③ 取締役の義務

取締役は、取締役会の構成員として、代表取締役・業務担当取締役がリスク管理体制を整備しているかについての監視義務を負う。

④ 監査役の義務

監査役は、取締役がリスク管理体制の整備を行っているか否かを監査すべき職務を負う。

イ 「神戸製鋼株主代表訴訟事件」における「訴訟の早期終結に向けての裁判所の所見」

（神戸地方裁判所平成14年4月5日和解成立 『旬刊商事法務』1626号（2002年）52頁）

i 事案の概要および裁判所の所見

神戸製鋼所が裏金を作って総会屋に利益供与をしていたとして摘発された事件について、当時の役員の損害賠償責任が追及された訴訟である。

この訴訟においては、裁判所が以下のとおりの所見を出し、早期の和解成立を促した結果、最終的に当時の役員が会社に対し和

解金を支払うこと、コンプライアンス委員会を立ち上げること等を内容とする和解が成立した（下線筆者）。

> 　取締役は、商法上固く禁じられている利益供与のごとき違法行為はもとより大会社における厳格な企業会計規則をないがしろにする裏金捻出行為等が社内で行われないよう<u>内部統制システム</u>を構築すべき法律上の義務があるというべきである。

ⅱ 「神戸製鋼株主代表訴訟事件」における裁判所所見のポイント

　この所見は、内部統制システムの内容を「コンプライアンス体制」に重点をおいて捉えた点に意義を有する。なお、同所見は、「利益供与及び裏金捻出に直接には関与しなかった取締役であったとしても、違法行為を防止する実効性ある内部統制システムの構築及びそれを通じての社内監視等を十分尽くしていなかったとして、関与取締役や従業員に対する監視義務違反が認められる可能性もありえる。」という点にも言及した。

(4) 近年の企業の不祥事と内部統制システム
ア 続出する企業の不祥事

　上記 (3) アで述べたとおり、大和銀行株主代表訴訟判決により、取締役に内部統制システムの整備義務が明確に認められたにもかかわらず、その後も、以下のとおり、企業の不祥事は続出している。

平成12年：乳製品による集団食中毒事件（雪印乳業）
　　　　　リコール隠し・クレーム隠し（三菱自動車工業）
平成14年：ＢＳＥ対策事業で輸入肉を国産と偽装申請（雪印食品・日本ハム）
平成16年：大型車の欠陥隠し（三菱ふそう）
　　　　　粉飾決算・不正裏金捻出（カネボウ）
　　　　　総会屋に対する利益供与・不適切な情報開示（西武鉄道）
　　　　　顧客情報流出（ソフトバンクＢＢ）

平成17年：橋梁談合（横河ブリッジほか）
　　　　　耐震偽装（ヒューザー・木村建設）
平成18年：有価証券報告書の虚偽記載、偽計・風説の流布による証券取引法違反（ライブドア）

イ　企業価値の維持と内部統制システムの必要性

　これらの企業においては、内部統制システム、特にコンプライアンス体制およびリスク管理体制がそもそも構築されていなかったか、あるいは、形式的に構築されていても、不十分なものであったか、有効に機能していなかったと考えられる。その結果、企業が解散に追い込まれたり、深刻な経営不振に陥ることとなり、あるいは、ブランド名の低下に苦しみ、莫大な補償費用が発生する等の影響が生じている。このことからも、企業経営においては、内部統制システムが十分に整備され、かつ有効に機能していることが、企業価値の維持のために必須であることは明らかである。

(5)　内部統制システムの概念（補足）

　これまで、「内部統制システム」という文言を使用してきたが、上記(2)アで述べたように会社法上「内部統制システム」という文言は使用されておらず、法律用語ではない。また、「内部統制」の定義も論者により様々であり、統一された概念ではない。

　参考までに、「内部統制」の概念について、どのように定義されているか、簡単に紹介するが、「内部統制システム」が、「コンプライアンス体制」および「リスク管理体制」をその本質としていることに関しては共通していると考えられる。

ア　COSOレポート

　「内部統制システム」に関する書籍には必ず記載されている「COSOレポート」とは、1992年、米国のトレッドウェイ委員会支援組織委員会がまとめた報告書である。

　同レポートにおいては、「内部統制」は「『業務の有効性と効率性、財務報告の信頼性、関連法規の遵守という目的の達成に関して合理

的な保証を提供することを意図した、事業体の取締役会、経営者及びその他の構成員によって遂行される一つのプロセス』と定義し、統制環境、リスク評価、統制活動、情報と伝達、監視活動の5つの構成要素が企業の業務プロセスに組み込まれて、前記3つの目的を達成するために有効に機能していれば、内部統制が有効であると判断することができる」(後藤啓二「会社法・施行規則が定める内部統制」125頁) とされている。

イ　日本監査役協会の監査役監査基準

日本監査役協会の平成19年1月12日付で改正される以前の旧監査役監査基準において、「内部統制システム」は「①取締役及び使用人の職務執行が法令又は定款等に違反しないための法令遵守体制、②会社の重大な損失の発生を未然に防止するためのリスク管理体制、③財務情報その他企業情報を適正かつ適時に開示するための体制」を含むものとされていた。なお、上記の改正により、監査役監査基準における「内部統制システム」の内容も改正され、会社法および同施行規則と同じ内容になっている。

ウ　裁判例等の示す概念

また、上記(3)で述べたとおり、裁判所の裁判例等においては、「内部統制システム」は、「リスク管理体制」または「コンプライアンス体制」として捉えられている。

(参考) 会社法における内部統制システムと金融商品取引法における内部統制システムの関係

> 会社法においては、上記(2)アのとおり、内部統制システムを「取締役の職務の執行が法令及び定款に適合することを確保するための体制その他株式会社の業務の適正を確保するために必要なものとして法務省令で定める体制」と規定するが、平成18年6月7日に成立した金融商品取引法(旧証券取引法。以下「金商法」という。)においては、内部統制システムを、「財務計算に関する書類その他の情報の適正性を確保するために必要なものとして内閣府令で定める体制」と規定しており、一定の企業は、当該会社の属する企業集団及び当該会社にかかる上記体制について内閣府令で定めるところにより評価した報告書(内部統制報告書)を、有価証券報告書と併せて内閣総理大臣に提出しなければならな

いとされている（金商法第 24 条の 4 の 4）。
　この点、金商法における「財務計算に関する書類その他の情報の適正性」も、会社法における「株式会社の業務の適正」に含まれうると考えられるが、上記(2)のとおり、会社法における内部統制システムが、①会社の業務全体に対する内部統制を対象とし、②取締役会による内部統制システムの整備についての決議の内容は事業報告の記載事項となり、③監査役が事業報告および附属明細書を監査し、その記載について相当でないと認めるときは、その旨および理由を監査報告書に記載することに対し、金商法における内部統制システムは、①財務報告に関する内部統制にその対象を限定しており、②経営者が自らその評価を実施して内部統制報告書を作成し、③これを当該企業と利害関係のない公認会計士または監査法人などの監査人が検証して監査証明を付することを義務付けることとされている（金商法第 193 条の 2 第 2 項）等、両制度には大きな差異があることから、両制度の関係にあまり拘泥することなく、それぞれ別個に並存する制度と理解することが妥当ではないかと考える。

ステップ 2

1　法的システム構築における留意点

　前記ステップ 1 の 1（1）において述べたとおり、近時、いわゆる個人情報保護法、会社法、金融商品取引法等、企業の組織や業務体制の全体に影響を与える法律が次々と制定されていることに伴い、企業として上記の各法律が要求する法的システムを構築する必要が生じていることから、企業法務担当者はもちろん、企業法務に携わる弁護士としても、これらの法的システムの構築についてアドバイスを求められ、時には企業法務担当者とともに、当該法的システムそのものを構築していくケースが増加している。

　そして、企業法務に携わる弁護士ないし企業法務担当者が、実際に法的システムを構築する際には、前例のない最新の法律について、当該法律が要求する法的システムを理解するとともに、企業の規模や業種のみならず、当該企業の企業風土等にも考慮したうえ、当該企業に最も適した法的システムを構築する必要があることから、当該法律に関する迅速・的確な情報収集・分析能力が求められるとともに、当該法的システムを構築するにあたっての企業の現在の体制、問題点、改

善点を把握することが必要となる。

　なお、企業法務に携わる弁護士が、企業の内部事情の細部まで把握することは困難であり、法的システムの構築に対する関与の程度にも限界があることは否定できないが、少なくとも、普段から、日常の相談業務等を通して当該企業と緊密に情報交換を行い、法務担当者等との信頼関係を形成するよう心掛けることは重要である。

　ステップ2においては、会社法が求める内部統制システムの具体的内容として考えられる体制を解説したうえで、会社法における内部統制システムの整備に関する基本方針の一例をあげるが、個人情報保護法におけるプライバシーポリシー、個人情報保護規程、公益通報者保護法に対応する内部通報システム等、法的システムを構築する際には、上記の点に留意しながら対応していくことは同様である。

2　内部統制システムの整備に関する基本方針

(1) 会社法が求める内部統制システムの内容

　前記ステップ1の2において述べたことから、コンプライアンス体制およびリスク管理体制を中心とする「内部統制システム」の概要については、イメージできたのでないかと思う。

　それでは、具体的に、会社法は、整備すべき内部統制システムの内容としていかなる体制を規定しているのであろうか。

　前記ステップ1の2 (2) アで述べたとおり、取締役・監査役設置会社における内部統制システムについて、会社法は、以下のように規定しており（法第362条第4項第6号）、そのうち、前段の「取締役の職務の執行が法令及び定款に適合することを確保するための体制」については、いわゆる取締役のコンプライアンスについての体制を指す。

> 　取締役の職務の執行が法令及び定款に適合することを確保するための体制その他株式会社の業務の適正を確保するために必要なものとして法務省令で定める体制

　そして、これに加え、会社法施行規則は、上記条文の後段の「その

他株式会社の業務の適正を確保するために必要なものとして法務省令で定める体制」について、次の②〜⑩の9つの体制を規定している（施第100条第1項および第3項）。

以上のことから、会社法における内部統制システムとは、次の①〜⑩をその内容とするものということになる。

> ① 取締役の職務の執行が法令及び定款に適合することを確保するための体制（法第362条第4項第6号）
> ② 取締役の職務の執行に係る情報の保存及び管理に関する体制（施第100条第1項第1号）
> ③ 損失の危険の管理に関する規程その他の体制（同第2号）
> ④ 取締役の職務の執行が効率的に行われることを確保するための体制（同第3号）
> ⑤ 使用人の職務の執行が法令及び定款に適合することを確保するための体制（同第4号）
> ⑥ 当該株式会社並びにその親会社及び子会社から成る企業集団における業務の適正を確保するための体制（同第5号）
> ⑦ 監査役がその職務を補助すべき使用人を置くことを求めた場合における当該使用人に関する事項（施第100条第3項第1号）
> ⑧ ⑦の使用人の取締役からの独立性に関する事項（同第2号）
> ⑨ 取締役及び使用人が監査役に報告するための体制その他の監査役への報告に関する体制（同第3号）
> ⑩ その他監査役の監査が実効的に行われることを確保するための体制（同第4号）

(2) 内部統制システムの整備に関する決議事項（取締役会・監査役設置会社）

　ア　内部統制システムの整備に関する基本方針の決定

　　会社法上の大会社および委員会設置会社においては、内部統制システムの整備に関する基本方針の決定が義務付けられ、その決定は、

取締役会において決議されなければならないことは、前記ステップ１の２(2)で述べたとおりである。

イ　決定すべき内部統制システムの具体的内容

そして、取締役会が基本方針を決議することとなる内部統制システムの各体制（①～⑩）の具体的内容については、各企業の規模、業務内容により様々であるが、以下のようなものが考えられる（各体制に付した①～⑩の番号は、上記(1)①～⑩の各体制に対応する。）。

> 取締役及び使用人の職務の執行が法令及び定款に適合することを確保するための体制（①⑤）

いわゆるコンプライアンス（法令遵守）体制を指す。その具体的内容として以下のものが考えられる。

ⅰ　コンプライアンス体制の責任者
　　コンプライアンス委員会・コンプライアンス統括部の設置、コンプライアンス担当執行役の任命
ⅱ　規程等の整備
　　企業倫理方針（コンプライアンスポリシー）、コンプライアンス規程、ガイドライン等の制定、コンプライアンスマニュアルの作成・配布
ⅲ　その他
　　内部通報制度の確立、内部監査部門によるコンプライアンス状況の監査、研修の実施

> 取締役の職務の執行に係る情報の保存及び管理に関する体制（②）

取締役の職務の執行状況について、監査役等が事後的に確認できるための体制を指す。その具体的内容として以下のものが考えられる。

ⅰ　原則的な体制
　　取締役会議事録、稟議書等の決裁文書について、文書管理規程により保存・管理
　ⅱ　その他
　　監査役（会）が常時閲覧、謄写することを可能とする規定、保存期間を定める規定、文書管理規程の改廃について、監査役（会）の承認を必要とする旨の規定、文書の保存管理責任者の任命・管理部署を明示する規定

> 損失の危険の管理に関する規程その他の体制（③）

　いわゆるリスク管理体制を指す。その具体的内容として以下のものが考えられる。
　ⅰ　リスク管理体制の責任者
　　リスク管理委員会等の組織の設置、リスク管理担当取締役の任命
　ⅲ　規程等の整備
　　リスク管理方針（リスクマネジメントポリシー）、リスク管理規程、ガイドライン等の制定、リスク管理マニュアル・危機管理マニュアルの作成・配布
　ⅲ　その他
　　内部監査部門によるリスク管理状況の監査、新たに生じたリスクへの対応（対応責任者、組織の設置、報告）の策定

> 取締役の職務の執行が効率的に行われることを確保するための体制（④）

　取締役の役割分担、職務分掌等により、取締役の効率的な職務執行を確保するための体制を指す。その具体的な内容として以下のものが考えられる。
　ⅰ　意思決定ルールの策定
　ⅱ　職務権限・業務執行手続に関する規程の整備

iii 業績管理体制の整備
iv 業務の合理化、IT化

> 当該株式会社並びにその親会社及び子会社から成る企業集団における業務の適正を確保するための体制（⑥）

　グループ会社全体として、コンプライアンス体制、リスク管理体制等を整備する体制を指す。その具体的な内容としては以下のものが考えられる。
i コンプライアンス体制
　グループ全体に係る倫理綱領、コンプライアンスマニュアルの制定、内部通報制度の整備
ii リスク管理体制
　グループ全体に関するリスク管理についての基本方針を含むリスク管理規程、グループ危機管理基本方針の制定
iii 内部監査
　親会社の内部監査部門によるグループ会社の内部監査
iv その他
　グループ経営管理規程の制定、親会社の執行役会（取締役会、経営会議）によるグループ経営に関する重要事項等の決定・承認、事業グループの予算・業績の管理

> 監査役がその職務を補助すべき使用人を置くことを求めた場合における当該使用人に関する事項（⑦）

　前記ステップ1の2（2）イiiiで述べたとおり、監査役は、内部統制システムについても監査することが求められており、そのような監査役の職務を補助する体制を指す。その具体的な内容としては以下のものが考えられる。
i 専任の組織を設置
ii その他

補助すべき使用人の人数、資質を予め決定

> 上記の使用人の取締役からの独立性に関する事項（⑧）

　上記の使用人の職務の遂行を実効化するために、取締役から独立させるための体制を指す。その具体的な内容としては以下のものが考えられる。
i　人事権について監査役（会）の決定、同意、承認等を必要とする体制の採用
ii　人事権について上記 i と異なり、監査役（会）との事前協議、意見聴取、監査委員会への報告で足りるとする体制の採用

> 取締役及び使用人が監査役に報告をするための体制その他の監査役への報告に関する体制（⑨）

　コンプライアンス体制の状況等について十分な情報が監査役に伝達されることにより、監査役の監査を実効化するための体制を指す。その具体的な内容としては以下のものが考えられる。
i　報告すべき事項の範囲
　　監査役への報告が法定されている「会社に著しい損害を及ぼすおそれのある」事項（法第357条）のみならず、会社の重要な施策や不正行為、重大な法令・定款違反等についても監査役に報告する体制、また、内部監査、内部通報制度の状況についても定期的に報告する体制の採用
ii　その他
　　報告すべき主体（取締役・使用人）、報告する方法（口頭または書面による報告）等の選択に関する体制の明確化

> その他監査役の監査が実効的に行われることを確保するための体制（⑩）

上に述べた以外に、監査役の監査が実効的に行われることを確保するための体制を指す。その具体的内容としては以下のものが考えられる。
　ⅰ　監査役と経営陣の意見交換会
　ⅱ　監査役と内部監査部門との連携
　ⅲ　会計監査人の独立性

(3) 基本方針の決議

　上記（2）で述べたような内部統制システムの具体的内容について、各企業が検討し、それぞれが整備すべき内部統制システムの基本方針を取締役会において決議することとなる。以下において、決議するべき内部統制の基本方針の一例をあげる。

内部統制システムの整備に関する基本方針について

　当社は、会社法および会社法施行規則に基づき、以下のとおり、当社の内部統制の整備に関する基本方針を決定する。

1　取締役及び使用人の職務の執行が法令及び定款に適合することを確保するための体制
　当社のコンプライアンスを横断的に統括するコンプライアンス推進部を新たに設置し、コンプライアンスに係る規程の整備、社員の研修等、コンプライアンス体制の推進を図るものとする。
　法令等に違反する行為等を早期に発見し是正することを目的として設置されている内部通報制度（コンプライアンス・ホットライン）を適正に運用し、社員への周知を図るものとする。
　内部監査部門は、当社のコンプライアンス体制の状況を監査し、その結果を定期的に取締役会に報告するものとする。

2　取締役の職務の執行に係る情報の保存及び管理に関する体制

文書管理規程の定めるところにより、株主総会・取締役会議事録、稟議書その他取締役の職務執行にかかる情報を文書（電磁的記録を含む）で適切に保存・管理するものとし、保管期間は１０年間とする。

3　損失の危険の管理に関する規程その他の体制
　　　コンプライアンス、環境、災害、品質等に係るリスクについては、各部門ごとに整備されているリスク管理規程に基づき管理するとともに、全社を統括するリスク管理委員会において各部門のリスク管理状況を横断的に監視するものとする。
　　　内部監査部門は各リスク担当部門ごとのリスク管理の状況を監査し、その結果を定期的に取締役会に報告するものとする。
　　　大規模な事故、災害、不祥事等が発生した場合には、代表取締役を本部長とする危機対策本部を設置するなど危機対応のための規程および組織を整備する。

4　取締役の職務の執行が効率的に行われることを確保するための体制
　　　取締役の職務執行が効率的に行われることを確保する体制の基礎として、取締役会を月に１回定期的に開催するほか、必要に応じて適宜臨時に開催するものとする。
　　　職務権限規程、業務分掌規程等を整備することにより、取締役会の決定に基づく業務執行の責任者の権限・責任や業務執行に必要な手続を明確化する。
　　　また、各部門の業績について、月次単位で達成状況を取締役会に報告し、必要な対策を検討して業績の改善を図る体制を構築するものとする。
　　　業務全般についてコンピューターや情報通信システムのIT化を推進するものとする。

5　株式会社並びにその親会社及び子会社から成る企業集団における業務の適正を確保するための体制

　　当社グループ全てに適用される企業行動憲章を制定し、これに基づき各グループ企業において諸規程を整備するとともに、研修等を通じてグループ企業を含めた社員全員に遵法意識の徹底を図るものとする。

　　当社内部通報制度を当社グループ全体に適用し、コンプライアンス体制の実効性を強化するものとする。

　　当社取締役は、定期的に、各担当部門における各グループ企業の数値目標および達成状況、リスク管理状況およびコンプライアンス体制状況について、当社取締役会に報告するとともに、各グループ企業の自主性を尊重しつつ、必要に応じて改善策の指導、実施の助言、支援を行うものとする。

　　当社内部監査部門が、グループ企業に対する内部監査を実施するものとする。

6　監査役がその職務を補助すべき使用人を置くことを求めた場合における当該使用人に関する事項

　　監査役の職務を補助する組織として監査役室を設置し、専属の使用人を1名以上配置するものとする。監査役室には会社の業務を十分検証できるだけの専門性を有する者を配置するものとする。

7　6の使用人の取締役からの独立性に関する事項

　　監査役室に配置する使用人の人事異動については、監査役は事前に人事担当取締役より報告を受けるとともに、必要な場合は理由を付して変更を人事担当取締役に申し入れることができるものとする。

　　当該使用人を懲戒に処する場合にはあらかじめ監査役の承認を

得るものとする。

8 取締役及び使用人が監査役に報告をするための体制その他の監査役への報告に関する体制
　　取締役または使用人は、監査役に対し、法令または定款に違反する事実、会社に著しい損害を与えるおそれのある事実を発見した場合は、速やかに報告するものとする。
　　監査役は、取締役会、経営会議その他の重要な会議に出席できるとともに、主要な稟議書その他業務執行に関する重要な文書を閲覧し、職務遂行に必要と判断した事項について、取締役または使用人に対し、何時でも報告を求めることができるものとする。

9 その他監査役の監査が実効的に行われることを確保するための体制
　　監査役室とともに、法務部も監査役の職務の執行を補助するものとする。
　　監査役は、内部監査部門が実施する監査計画について事前に説明を受け、その修正等をできるとともに、実施状況について定期的に報告を受け、追加監査の実施等必要な措置を求めることができるものとする。
　　監査役と取締役、監査法人との意見交換会を定期的に開催するものとする。

　　　　　　　　　　　　　　　　　　　　　　　　　　以上

ステップ 3

　「内部統制システムの構築にあたって留意すべきポイントを考えよ。」という抽象的な設問にどう答えてよいか迷われたかもしれない。最近の企業法務においては、法律に基づく制度ではあるが、単純に法律的

な観点からのみ制度設計を考えたのでは、実効性のある制度が構築できず、心理学とか行動学等の他の領域における知見に基づく考慮も必要であるような事柄が増えてきている。ここでは、このような観点から、一般的に指摘されていることのほか全くの私見も含めて内部統制システムの構築にあたって留意すべきポイントを思いつくままに列挙することとする。これらは、決して理論的に整理されたものではなく、また、すべてを網羅したものではないが、法律に基づく制度設計においても、このような視点が必要となっていることを理解してもらえればよいと考える。

1 内部統制システム整備の必要性についての認識を持ってもらうための教育が重要

　　内部統制システムの整備は、リスク発生等による損害の回避という消極的な目的からだけではなく、経営・業務への負担ではなく企業価値を維持発展させるものであることを、役員・従業員に認識してもらうことが重要である。内部統制システムの整備の程度が取引先の選別基準・金融機関からの融資基準等になりつつあり、内部統制システムの整備は、取引先維持・開拓・企業評価基準という積極的な目的から必要とされ始めているのである。また、内部統制システム整備の必要性は不祥事が発生したような特殊な会社の問題ではなく、自社にも必要なものであることについての認識を持ってもらうための教育も重要である。

　　特に、次のような最近の事案に見られるように、行政は、事前規制を見直す（規制緩和）代わりにペナルティーを強化する（事後規制）傾向をますます強めていることから、内部統制システム整備の不備は、会社の活動に重大な影響を与える可能性があることを役員・従業員に十分に認識してもらう必要がある。

例）三井住友銀行
　　公正取引委員会は、2005年12月、融資先の中小企業に対して融資の条件として金利スワップを購入するように要請したのは優越的地位の濫用に

あたるとして、排除勧告を行ない、金融庁は、これに関連して、2006年4月27日、三井住友銀行に対し、同年5月15日から6か月間、法人営業部で金利系デリバティブ商品を販売しないよう命じたほか、同日から1年間、法人営業部の新設も禁じた。銀行が優越的地位の濫用で業務停止命令を受けるのは初めてである。

例）アイフル

　金融庁は、2006年4月13日、消費者金融大手アイフルに対し、強引な取り立てが相次いだことを理由に、国内約1700のすべての営業店舗を対象に3～25日間の業務停止命令を出した。消費者金融大手に対して全店を対象に業務停止を命じるのは初めてで、異例の厳しい処分である。

例）中央青山監査法人

　金融庁は、2006年5月10日、カネボウ旧経営陣による粉飾決算事件に関連して、4大監査法人の一角を占める中央青山監査法人に対し、7月1日からの2か月間、証券取引法や会社法に基づく「法定監査」業務などの一部業務停止を命令した。4大監査法人への業務停止処分は初めてである。金融庁は、カネボウ粉飾決算で会計士の不正を防げなかった同監査法人の内部管理体制に重大な不備があったと判断し、監査契約を締結している企業や日本経済への影響が甚大であるにもかかわらず、異例の厳しい処分に踏み切った。

例）損保ジャパン

　金融庁は、2006年5月25日、損保ジャパン対し、損保の保険金の不払いが新たに見つかったとして、同社の全店を対象に、本業の損害保険の引き受け業務を2週間停止する命令を出した。

例）国土交通省の方針

　『国土交通省は、2006年5月26日、バスやタクシー、トラックなどの自動車運送事業者が、重大事故につながる飲酒運転や長時間運転などの法令違反を放置したことが判明した場合、即刻営業停止処分にすることを決めた。従来営業停止にするには、法令違反の累積が必要だったが、「一発処分」の導入で悪質業者の排除を狙う。』（毎日新聞2006年5月27日夕刊）。

2　企業活動・組織には違法・不当な行為あるいは不相当な結果を誘発しやすい部分があるとの認識に立ったシステムの構築が重要

　企業活動や企業の組織そのものに、次に述べるような違法あるいは不当な行為あるいは不相当な結果を誘発する部分があるとの認識のもとに内部統制システムを構築することが重要である。

(1) 無責任体制を駆逐する必要

　企業活動や企業の組織には、次の事案に見られるように、さまざまな理由から無責任な体制が生じる危険性が内在している。

例）明石市の歩道橋事故
　会社の内部統制に直接関連する事案ではないが、参考になる。この事故の発生前においては、見物客が殺到することにより生じうる危険性について、主催者・警備関係者の誰かが気づいていたはずである。そして、その危険性を認識した者は、その危険を回避しなければならないことも理解していたはずである。しかし、危険回避のために、積極的かつ有効な検討が行なわれた形跡はない。結局、問題は、「その危険の回避を自分がしなければならないと思う者」、「仮に自分がその責めに任じられる立場にないとしても、その責任者と思われるものに積極的に危険の回避の必要性を訴える者」がいなかったことである。つまり、「"自分以外の誰かがやるはず。"あるいは"自分以外の誰かがやらなければならないはず。"しかし"自分は、やらない。"」という無責任体制が原因の根底にある。
　このような無責任体制を駆逐するためには、自分たちの職務の本質を理解し、その職務を全うするためには、何をしなければならないのかを常に意識できる人材を育てる必要がある。

例）談合
　談合は、悪いこととはわかっているが、必要悪と居直って継続している例が後を絶たない。
　談合が発覚した場合には、重大な結果が企業や担当者個人に生じるということを認識しているにもかかわらず、このような状況に留まっているのは、バレたらバレた時のこととして、種々の障害を乗り越えても、当社は談合を絶つという強い責任感のある者がいない結果である。「ずっとやってきた。」「他社でもやっている。」という企業内・業界内に留まる意識の閉鎖性、「お互いさま」と多少のことは大目に見る馴れ合い的協調主義、大胆な改革を嫌う事なかれ主義（むしろ事なかれ主義に染まった人々がつくる主流派がトップとなっていく人事構造）との決別が必要である。

例）セクショナリズム
　退社時刻間際に、机を並べた隣の席の人宛てに、送信書表紙に「緊急」と記載されたFAXが送られてきた。しかし、隣の席の人は、不在で、しかも自らが所属するA課とは違うB課に所属する人だったので、違う部屋で会議をしているB課の他の人に声をかけることもせず、FAXの内容に目も通さずに、FAXをそのまま隣の人の机の上に置いて帰ってしまった。ところが、FAXの内容は、速やかな対処を必要とする事項を記載したもので、送信者は、FAXの送信書表紙に「緊急」と記載してあるので、名宛人が不

在でも他の者が対処してくれるものと思っていた。そして、速やかな対処をしなかった結果、会社に多大の損害を与えることになってしまった。

　このようなことは、企業内でよく見られることである。セクショナリズムに起因しているだけではなく個人の資質に原因していることも多いと思われるが、いずれにせよ他の課の所掌する案件であっても、自らの所属する会社の案件であることには変わりはなく、案件に応じて臨機応変の対応ができるよう意識改革をする必要がある。

(2) 不明確・不明瞭な意思疎通や一方通行の意思疎通を排除する必要

　例）不明確・不明瞭な意思疎通

　　部下がトップに決算は赤字になる見通しを伝えたところ、トップが「赤字は困る。何とかしろ。」とだけ言ったとする。この場合に、仮に、トップは、粉飾決算のような違法な方法ではなく合法的な方法での改善策を考えろという趣旨で答えていたとしても、部下は、黒字にするには「粉飾決算をするしかない。」と考えていたとすれば、部下は、粉飾決算をするよう指示があったと思う可能性がある。場合によっては、総会屋への利益供与の事例に見られるように、トップは、あえて十分な事情を聞かずに、株主総会対策のため善処するよう指示だけをする場合がある。

　　違法・不当な行為あるいは不相当な結果につながる可能性のある事態の発生を避けるためにも、常に不明確・不明瞭な意思疎通は排除すべきである。

　例）一方通行の意思疎通

　　近時、どこの職場でも、横の席に座っている人にメールで用件を伝えた後、返信がないにもかかわらず、一言も声がけしないようなことが散見される。

　　当然のことではあるが、連絡は相手に伝わることが重要であって、伝えるための行為をしたこと（あるいは、伝えるための行為をしたことの証拠を残すこと）が重要ではない。コミュニケーションの重要性を再確認する必要がある。

(3) 成功体験への過信を排除し、経営方針のチェック・アンド・バランスを確保する必要

　例）西日本JRの福知山線事故

　　マスコミ報道等によると、効率運行による私鉄との競争にある程度勝った成功体験が、さらに効率運行を加速させることになった反面、安全運行をないがしろにしてしまった可能性があるとのことである。もしそうであったとした場合、この事故は、もうひとつの成功体験である国鉄時代からの安全神話を妄信し、効率運行に伴い必要とされる新たな安全運行への配慮を欠いた結果であるかも知れない。

　　組織は、成功体験を生んだ前提条件を忘れ、環境が変わっているのにも

かかわらず、成功体験を金科玉条のように扱い、それが重大な結果を生むことがある。成功体験への過信を排除することが必要である。

3 役員・従業員の中には違法・不当な行為をするものが一定数存在するとの認識に立ったシステムの構築が重要

(1) 性悪説に立った制度設計をする必要

例）NHKのチーフプロデューサーの空出張費用請求

2006年4月、NHKのチーフプロデューサーが6年間にわたってカラ出張を繰り返し、合計1762万円を着服していたらしいとの報道がなされた。テレビプロデューサーの仕事の性質からすると、仕事の成果は自由な時間管理から自由な発想が生まれるという考え方から、出張についても、各自の自主性・自律に委ねた緩やかな管理ないし運用がなされていた可能性がある。

しかし、このような緩やかな規制を悪用する者が出てくることを予定して、チェック体制を確立しておくべきであった。本来このような行為を監視すべき管理職がこのようなことをした場合には、損害額が大きくなりがちであるだけでなく、部下が同様のことをする等組織に与える悪影響が大きいことに留意すべきである。

(2) 性悪説に立って設計された制度の精度を向上させる必要

例）金融機関の強制休暇制度

金融機関は強制休暇制度等を採用し、違法行為の発見等に努めているが、未だに、巨額の顧客預金の流用等が後を絶たない。これらは、性悪説に立って設計された制度が十分に機能しない部分があり、さらにその精度を向上させる必要があることを意味している。

4 経験・成果の承継・普及が重要

(1) 経験・成果の長期的承継が必要

例）金融機関の保証意思確認システム

金融機関の貸付に際し、保証意思確認を面接なしで行なった場合や、保証人に直接送付すべき保証確認書用紙を債務者本人に手渡し債務者本人からその返還を受けたような場合に、裁判所が金融機関として最低限行なうべきことを処理していないということで、保証書に保証人の実印が押され印鑑証明書が添付されている事案でも、やや制裁的に保証契約の成立を否定し、金融機関を敗訴させ始めた時期があった。そこで、爾後このようなことが再発しないように、当時、金融機関において、保証意思確認の事務

手続を詳細に定め、従業員にその確実な履践をさせてきたにもかかわらず、10数年経って、担当者が交代するうちに、その引継ぎが十分に行なわれず、近時また同様の事態が生じるようになっている。

　企業においては、担当者が交代する等によって、重要な経験や成果が承継されず、過去において大騒ぎした事態が再発することが往々にしてある。重要な経験や成果が、長期にわたって承継されていくシステムの構築が重要である。

(2)　経験・成果の短期的・全社的普及が必要

　例）事故発生直後の同種事故再発

　何らかの事故が発生し、その原因の説明と再発防止を対外的に表明した直後に、同種事故が再発することがある。その再発が、前回の事故で原因が究明されていたにもかかわらず、生じたものである場合には、企業に与える悪影響は甚大なものとなる。

　経験や成果を短期的かつ全社的に普及させるシステムの構築も重要である。

5　世の中の流れの感得（業界の常識・社内の常識への疑問）が重要

　業界の常識・社内の常識が正しいかどうかについて疑問を持ち、常に世の中の流れを感得する姿勢を持ち続けることが重要である。そのためには、他の事業分野等と交流し、開かれた価値観を構築することが重要である。

　例）欠陥温風器回収

　法的責任の期限に関わらず欠陥温風器回収を図った最近の松下電器産業が、却ってその評価を高めた事例が参考となる。

6　隠蔽体質からの脱却が重要

　インターネット等による情報交換の容易性・企業と従業員の関係の変化・マスコミやNGO等の活動により、情報の隠蔽は不可能と考えるべきである。

　例）不祥事発生会社の情報隠し

　不祥事が発生した会社において、不祥事の発生自体あるいは会社に不利益な発生原因を隠蔽し、事後にそれらが発覚し、その隠蔽自体が却って会

社に大きな損害を与えている事例が参考となる。

《参考文献》
① 長谷川俊明『新会社法が求める内部統制とその開示』中央経済社，2005年
② 菊地伸『内部統制システムの決定にむけての実務』商事法務，2006年
③ 後藤啓二『会社法・施行規則が定める内部統制』中央経済社，2006年
④ 牧野次郎・亀松太郎『内部統制システムのしくみと実務対策』日本実業出版，2006年
⑤ 相澤哲ほか編著『論点解説　新会社法』商事法務，2006年）
⑥ 「委員会等設置会社に見る内部統制システムの態様」『資料版商事法務』2006年2月号，6頁～66頁
⑦ 「内部統制システム基本方針の記載事例分析」『資料版商事法務』2006年8月号，6頁～37頁
⑧ 井窪保彦・佐長功・田口和幸編著『実務法律講義6　実務　企業統治・コンプライアンス講義』民事法研究会，2004年
⑨ 上谷佳宏「独禁法の機能を十全なものとするための独禁法精神の醸成運動」『公正取引』655号，2005年，46頁

あとがき

　私は、私が代表を務める東町法律事務所に入所した新人弁護士あるいは顧問先企業の法務担当者を、如何に教育していくかについて腐心してきた。その過程で、まっとうにビジネス法務を処理することができる弁護士ないし企業の担当者を育成するためには、日々のオン・ザ・ジョブ・トレーニングももちろん重要であるが、そのスタートにあたって、効果的な教育をするためのまとまった教材があればと常時考えてきた。これまでも、個々の分野ごとの教材は存在したが、この一冊を使えば実際のビジネス法務の何たるかをおぼろげながらにも体験できるというような教材はあまりなかった。しかも、抽象的に法律論を展開したり完成した文書を提示したりする教材はあっても、企業法務に携わる弁護士や企業の担当者が、実際にどのようなことを考えながらどのような手順を踏んでビジネス法務を処理しているのかが具体的にわかるような教材はあまりなく、逆に、具体的な案件を扱ったものは、実際の処理のプロセスを詳細に説明したもので、教材としてのコンパクト性に欠けるものが多かったと思う。

　そこで、そのような話を、当事務所に入所された関西学院大学法科大学院教授の丸田隆弁護士にしたところ、同弁護士から、それであれば自分で書いてみたらどうかと勧められたのが、本書を執筆するきっかけであった。本書の執筆を具体的に企画したのは、2005年末のことであり、当初の予定では、2006年9月には完成していたはずであったが、日々の仕事に埋没し、約1年遅れることになってしまった。しかし、2006年は、国内出張回数が30数回、海外滞在日数が40数日という中で、何とか完成にこぎつけることができたのも、執筆を分担してくれた芳田栄二弁護士および虎頭信宏弁護士、さまざまな観点からのご意見ご指導をいただいた笠井昇弁護士および丸田隆弁護士、そして、作表・校正を手伝ってくれた平尾麻美弁護士、吉田憲弁護士および西川精一弁護士、さらに、日常業務の処理をこなしてくれた当事務所

の他のメンバーのおかげであり、深く感謝する次第である。また、遅々として進まない執筆に辛抱強くお付き合いいただき、ご指導いただいた関西学院出版会の田中直哉氏および川口正貴氏にも謝意を表したい。

　本書は、私とその助手を務めてくれた芳田栄二弁護士と虎頭信宏弁護士が、担当した関西学院大学法学部におけるゼミナールに用いた教材に手を入れて執筆したものである。その教材のもととなった題材は、執筆者が実際に弁護士としての執務の中で取り扱った案件や経験に依拠している。本書における法律論等については、粗っぽいところもあるし、誤りもあるかも知れない。また、解答としては、もっと適切な解答があるであろうことも自認しているが、執筆者の能力の限界としてご寛容いただきたい。

　なお、本書執筆の動機は上記のとおりであり、本書の目的は、「はじめに」に書いたとおりであるが、私としては、同時に、超先端的分野を専門的に扱うのではなく常に通常の企業に発生するさまざまな諸問題を処理してきた弁護士として、この20数年にわたる企業の顧問弁護士としての活動や監査役としての活動の中で、ビジネス法務について経験的に感じてきたことも、本書において伝えたかった。この目的が成功したかといえば、まだまだ書ききれなかったというのが正直なところであるが、この点については、今後の課題としたい。

弁護士　上　谷　佳　宏
東　町　法　律　事　務　所

■ 執筆者略歴 ■

上谷 佳宏（うえたに よしひろ）……（第1-6章執筆担当）

　　弁護士（兵庫県弁護士会所属）・海事補佐人
　　東町法律事務所代表弁護士（パートナー）・乾汽船株式会社監査役・社団法人
　　日本海運集会所海事仲裁委員・関西学院大学法学部非常勤講師
　　大阪大学法学部卒業・司法修習修了（35期）
　　取扱い業務分野　会社法、独禁法、知財法、海商法を中心としたビジネス法
　　全般

　　著作・論文
　　『わかりやすい会社法の手引』（共著）新日本法規　2003年
　　『わかりやすい会社法の手引』（共著）（改訂版）新日本法規　2006年
　　「船舶仮処分命令申立事件―民事保全法に基づき外国船舶に対する占有移転禁
　　止の仮処分執行をなした事例―」『海事法研究会誌』111号1-13頁（1991年）

芳田 栄二（よしだ えいじ）……（第5章執筆担当）

　　弁護士（兵庫県弁護士会所属）
　　東町法律事務所弁護士
　　早稲田大学法学部卒業・司法修習修了（55期）
　　取扱い業務分野　独禁法、民事法全般

　　著作・論文
　　『Q&A 新会社法の実務』（共著）新日本法規　2006年

虎頭 信宏（ことう のぶひろ）……（第6章執筆担当）

　　弁護士（兵庫県弁護士会所属）
　　東町法律事務所弁護士・関西学院大学法学部非常勤講師
　　東京大学法学部卒業・司法修習修了（57期）
　　取扱い業務分野　会社法、民事法全般

実践ビジネス法務
体験してみる企業法務の最前線

2007年11月30日　初版第1刷発行
2015年 2月25日　初版第4刷発行

　編　著　上谷佳宏
　発行者　田中きく代
　発行所　関西学院大学出版会
　　　　　〒662-0891
　　　　　兵庫県西宮市上ケ原一番町1-155
　電　話　0798-53-7002

© 2007 Yoshihiro Uetani
Printed in Japan by Kwansei Gakuin University Press
ISBN:978-4-86283-019-7
落丁・乱丁のときはお取り替えいたします。
http://www.kgup.jp/

K.G. University Press